U0038571

世界哲學家叢書

陸象山

曾春海 —— 著

傅偉勳、韋政通 —— 主編

東大三民圖書

《世界哲學家叢書》總序

　　本叢書的出版計畫原先出於三民書局董事長劉振強先生多年來的構想，曾先向政通提出，並希望我們兩人共同負責主編工作。一九八四年二月底，偉勳應邀訪問香港中文大學哲學系，三月中旬順道來臺，即與政通拜訪劉先生，在三民書局二樓辦公室商談有關叢書出版的初步計畫。我們十分贊同劉先生的構想，認為此套叢書（預計百冊以上）如能順利完成，當是學術文化出版事業的一大創舉與突破，也就當場答應劉先生的誠懇邀請，共同擔任叢書主編。兩人私下也為叢書的計畫討論多次，擬定了「撰稿細則」，以求各書可循的統一規格，尤其在內容上特別要求各書必須包括⑴原哲學思想家的生平；⑵時代背景與社會環境；⑶思想傳承與改造；⑷思想特徵及其獨創性；⑸歷史地位；⑹對後世的影響（包括歷代對他的評價），以及⑺思想的現代意義。

　　作為叢書主編，我們都了解到，以目前極有限的財源、人力與時間，要去完成多達三、四百冊的大規模而齊全的叢書，根本是不可能的事。光就人力一點來說，少數教授學者由於個人的某些困難（如筆債太多之類），不克參加；因此我們曾對較有餘力的簽約作者，暗示過繼續邀請他們多撰一兩本書的可能性。遺憾的是，此刻在政治上整個中國仍然處於「一分為二」的艱苦狀態，加上馬列教

條的種種限制，我們不可能邀請大陸學者參與撰寫工作。不過到目前為止，我們已經獲得八十位以上海內外的學者精英全力支持，包括臺灣、香港、新加坡、澳洲、美國、西德與加拿大七個地區；難得的是，更包括了日本與大韓民國好多位名流學者加入叢書作者的陣容，增加不少叢書的國際光彩。韓國的國際退溪學會也在定期月刊《退溪學界消息》鄭重推薦叢書兩次，我們藉此機會表示謝意。

原則上，本叢書應該包括古今中外所有著名的哲學思想家，但是除了財源問題之外也有人才不足的實際困難。就西方哲學來說，一大半作者的專長與興趣都集中在現代哲學部門，反映著我們在近代哲學的專門人才不太充足。再就東方哲學而言，印度哲學部門很難找到適當的專家與作者；至於貫穿整個亞洲思想文化的佛教部門，在中、韓兩國的佛教思想家方面雖有十位左右的作者參加，日本佛教與印度佛教方面卻仍近乎空白。人才與作者最多的是在儒家思想家這個部門，包括中、韓、日三國的儒學發展在內，最能令人滿意。總之，我們尋找叢書作者所遭遇到的這些困難，對於我們有一學術研究的重要啟示（或不如說是警號）：我們在印度思想、日本佛教以及西方哲學方面至今仍無高度的研究成果，我們必須早日設法彌補這些方面的人才缺失，以便提高我們的學術水平。相比之下，鄰邦日本一百多年來已造就了東西方哲學幾乎每一部門的專家學者，足資借鏡，有待我們迎頭趕上。

以儒、道、佛三家為主的中國哲學，可以說是傳統中國思想與文化的本有根基，有待我們經過一番批判的繼承與創造的發展，重新提高它在世界哲學應有的地位。為了解決此一時代課題，我們實有必要重新比較中國哲學與（包括西方與日、韓、印等東方國家在內的）外國哲學的優劣長短，從中設法開闢一條合乎未來中國所需

求的哲學理路。我們衷心盼望，本叢書將有助於讀者對此時代課題的深切關注與反思，且有助於中外哲學之間更進一步的交流與會通。

最後，我們應該強調，中國目前雖仍處於「一分為二」的政治局面，但是海峽兩岸的每一知識分子都應具有「文化中國」的共識共認，為了祖國傳統思想與文化的繼往開來承擔一份責任，這也是我們主編《世界哲學家叢書》的一大旨趣。

傅偉勳　韋政通

一九八六年五月四日

自 序

　　筆者自輔仁大學哲學研究所畢業後，承蒙師長們的厚愛，留在母校忝為哲學系教師。剛開始從事教學時，主要擔任《易經》及先秦儒家哲學，這與我所撰寫的碩、博士論文相關。後來由於某種際遇而有緣開「朱子哲學」一課，得以正式踏進宋明理學的領域。數年後，撰成《晦庵易學探微》一書，可算是那幾年教學相長的成果。1985年我接下「宋明理學」課程，可謂是項艱辛的考驗和寶貴的歷鍊機會。同年，似乎是種巧合，承蒙韋政通先生美意，為三民書局撰寫「世界哲學家叢書」中的《陸象山》，這對從事宋明理學研究與教學的本人而言，是個既獲得鼓勵，亦可接受磨鍊的機會。朱熹和陸象山的鵝湖會是理學的一件盛事，更饒富意義者，兩人分別代表宋明理學的兩種典範。筆者能繼研讀朱子之後，再探陸象山，相信在宋明理學的研究和教學，大有裨益。

　　在撰寫本書時，筆者抱持歷史研究與哲學研究交互進行的方式。前者是為了使我們對中國哲學家的認識，不但要回到原典裏，而且亦要牽引出該哲學家所回應的時代課題，及其思想所由形成的思想史脈絡。因此，本書特側重理學興起的緣由、象山的學脈及其後續……等問題。哲學的研究在於透過對原典的研讀和思辨，對各種有意義的哲學問題之處理，做一番概念的分析，期能澄清和展現該哲

學家的諸般見解。再進一步，將該哲學家所處理的諸般問題，依相互間的脈絡關係，重新建構成一較具系統化的學說。如此，不但有助於我們瞭解該哲學家的思想要義，且予以反省和論評，認識其思想的特質、得失和對我們所處時代的可能蘊義。因此，本書亦側重探討象山心學的方法、存有論、知識論和教養論。此外，筆者亦從比較哲學的向度來寫朱陸論學，期能對顯出理學中二種不同學說典型的特色、貢獻和可能的互補處。

筆者才疏學淺，粗陋之處，尚祈時賢不吝賜教指正。

曾春海

一九八八年二月九日

陸象山

目次

第一章　緒　論

一、何謂理學？

　　這是一個很難以寥寥數語即可交待清楚的問題，為方便起見，我們可以藉唐君毅先生在其《中國哲學原論》中，對理在中國哲學中所分別出的六種涵義裏得知，宋明理學所側重的「理」，乃性理之理❶。性理之理，指向內具於個別生命之「理」，亦即真實本性或性。這種做為真實本性的理，不但對個別生命而言具有內在性，同時也是超越於個體生命而根源於絕對義、無限義的天。因此，對天所命賦的一切個體而言，皆具同一的普遍性，由是之故，性理對每一個人而言，是既內在又超越的形上實有。有鑒於程伊川 (1033–1107) 及朱熹 (1130–1200) 所確認的「性即理」不同於陸象山 (1139–1193) 及王陽明 (1472–1529) 所確認的「心即理」，我們把宋明理學稱為宋明心性之學，或許較能切合這門學問所真正關注的問題。

　　理學正視心性問題的目的，在於自我期許於成就聖賢境域的生命人格，因此，理學家在尋求達到理想人格的內在條件、人格價值的超越根據、以及切己實踐的途徑時，對自我內在的心性內涵、活動意向及天道流行化育之內在意義，做了深層的雙向交叉性的瞭悟。他們以內在於生命中的價值意識證悟心性的價值性實有，而思涵養、擴充、昂揚、實現；另一方面，他們面對自我自然層級的情欲生命

---

❶　見唐君毅先生《中國哲學原論》第一章導言，他將中國哲學的理，分為文　理之理、名理之理、空理之理、性理之理、事理之理和物理之理。

而自覺應有的節制和超化，使生命活動的意向不陷溺於情欲生命，而能貞定得住心性的價值生命。因此，如何在內省中體認價值生命的可貴？如何溯源至價值生命的超越根據處？如何高尚其志且培養堅毅不移的道德意志？如何採循有效的實踐途徑，鍥而不捨地朝向人生的終極價值理想以步步實現?這些成為宋明理學的關注點所在。總言之，也就是綿密的道德實踐工夫這一問題。

因此，我們可以簡單的說，理學是以自我的身心為出發點，真切地認識道德的真我，進而擇取發展人之道德性命的修行工夫以充分實現此一價值性命的內涵——「仁」，在合理及和諧的層層關係中，貫內外、通人我、融物我、合天人，而達到自我心靈與整個存有界融通無間，渾然圓成生命整體的崇高精神境域，從中活出生命裏極豐富的內涵及無限莊嚴而富理趣的意義和價值，使人性生活臻於無限的圓滿化狀態。

二、宋代理學興起的緣由

宋代理學的勃興，實肇端於歷史、政治、社會、思想等多種因素的緣會，扼要陳述，可略分下列數端：

㈠時君的尚文輕武

宋太祖統一天下後，嘗對侍臣說：「朕欲盡令武臣讀書，知為治之道。」❷臣庶因此始貴文學。太宗時，敕史館撰《太平御覽》一千卷，《太平廣記》五百卷，《文苑英華》一千卷。雍熙年間詔求天下遺書，一時古籍多出。真宗時，命群臣子弟補京官者，以一經試

❷　見陳邦瞻《宋史紀事本末》，卷七〈建隆以來諸政〉章。

取。仁宗慶曆四年，詔天下州縣立學，前後相承，予學術發展很好的契機。《宋史・文苑傳》序曰：

> 自古創業垂統之君，即其一時之好尚，而一代之規撫可以豫知矣。藝祖革命，首用文史，而奪武臣之權，宋之尚文，端本於此。太宗、真宗其在藩邸已有好學之名，及其即位，彌文日增，自時厥後，子孫相承，上之為人君者，無不典學，下之為人臣者，自宰相以至令錄，無不擢科海內文士，彬彬輩出焉❸。

所謂「藝祖革命」，指宋太祖杯酒釋石守信的兵權，使宋代走向重文輕武之路。再者，做為唐文化支柱的門閥貴族，經安史之亂、五代之亂的動搖，漸趨沒落。及宋門階級的區分，自然不似唐代嚴格，平民逐漸抬頭，朝廷取士唯才，愛人以德，多傳為美談。如是，新興之士人官吏漸轉成社會中堅，先秦儒家的政治理想得以在宋代新社會中再生。

在學風方面，漢儒較重章句訓詁，唐人則較尚詞章，至宋仁宗時，宋郊等上奏曰：「先策論，則文詞者留心於治亂矣；簡程式，則閎博者得以馳騁矣；問大義，則執經者不專於記誦矣。」❹儒林風氣煥然一新，這是宋學發達的外緣。

---

❸ 《宋史》，卷四三九，臺北，鼎文書局印行，1980年初版，頁一二九九八。

❹ 見《宋史・選舉志》及《宋史紀事本末》，卷三八〈學校科舉制〉章。

㈡儒學的自覺與革新

孔子高弟子子貢曾說：「夫子之文章可得而聞也。夫子之言性與天道，不可得而聞也。」❺得見孔門治學原具文章及性命天道之學。然而漢儒承秦火之後，不得不為補苴之事，所以崇尚考證，堪稱「時為之也」。時至六朝、隋唐，雖或有能辨別菁葉及枝葉的通儒，然大體而言，仍不出漢儒之流傳。再者，自三國以迄隋唐，詩文大盛，唐之進士科以詩賦取士，其末流則為輕薄的詩，與西蜀、南唐一些乏力的爛調流詞，空疏無物。趙宋雖統一天下，然而楊億、劉筠等人所倡的西崑體仍是承拾晚唐的餘緒，士風猶浮而不實。

有識之志士，欲解漢唐儒生文字之桎梏，及轉移時代虛榮浮華之墮落文風，極思從儒家典籍中做義理上的實質探討，期轉士風由浮華而沉潛，由輕揚而篤實。在這一儒學研究上謀更張的要求下，據王應麟（伯厚，1223–1296）說：「自漢儒至於慶曆間，談經者守故訓而不鑿。《七經小傳》出而稍尚新奇矣。至於《三經新義行》，視漢儒之學者若土梗。」❻劉敞作《七經小傳》及王安石作《三經（易、詩、書）新義》皆各依胸臆，不理會傳注，卻還不致於疑經議經。然而，自慶曆之後，疑經之風大行，歐陽修疑《周易‧繫辭》非孔子所作。修與蘇軾、蘇轍且詆毀《周禮》，蘇軾譏《尚書》之〈允征〉、〈顧命〉，晁說之、鄭樵、朱熹等黜《詩經》之敘，李覯及司馬光則疑孟子❼，諸學者對經都疑議，更何況解釋經文的傳注。

---

❺ 見《論語》〈公冶長〉章，所謂「不可得而聞」，非謂孔子不言，蓋「子罕言利，與命與仁」（《論語‧憲問》），孔子少談故。

❻ 見王氏《困學紀聞》，卷八，〈經說〉中。

❼ 同前，卷八引陸務觀說。

懷疑之風既著，治學的方法及內容則日新，宋儒遂步入舍訓詁而昌明孔子「性與天道」之途。

宋儒在治學方法及內容趨活潑自由之際，轉向道、佛二家吸取思想的方式及既有的題材。考道教自隋道士蘇之朗（青霞子）倡內丹說，教人養心煉精氣之法，理論涉及人之內在精神狀態，使道教吸取各家思想以談靜坐、修鍊之風漸盛，例如道士借《河圖》、《洛書》、《易經》等談修鍊，發展了以圖書解易之風氣，這對宋儒思想學說的構作，影響頗大。蓋此際，道教已混入道家，五代之亂，天下擾攘了四、五十年，道家或道教人士遁跡山林，一則圖保典冊於亂世，一則藉圖書以修鍊丹藥，例如陳摶棲華山，种放隱終南，魏野委身陝州……等，圖書之學，賴以傳述，有些宋儒乃據以言性道。朱震（子發，1072-1138）說：「陳摶以先天圖傳种放，放傳穆脩，穆脩傳李之才，之才傳邵雍（理數派）。放以《河圖》《洛書》傳李溉，溉傳許堅，許堅傳范諤昌，諤昌傳劉牧（數派）。穆脩以太極圖傳周敦頤，敦頤傳程顥程頤（理派）。是時，張載講學於程邵之間，故雍著《皇極經世書》。牧陳天地五十有五之數。敦頤作《通書》。程頤述傳，載造太和參兩等編。」❽朱震為謝良佐（上蔡，1050-1103）門人，理當不誣其師傳。

佛教自三國六朝至中國後，原與儒家互不相涉，及隋唐，則互相排斥。到宋代雖然表面上形成對立的門戶，實際上卻攝取精華，融入舊說，遂成理學。由佛學自身發展而言，從東漢末年傳來，歷魏晉南北朝而至唐代則為最昌明時期，樹大分枝，衍生成十三宗，武則天以後，禪宗崛起，唐末至五代，以迄宋時，收攝各宗精華，蔚為佛教的主流。其中，唐末宋初的永明禪師（沖玄，904-976）

❽　《宋史》，卷四三五，儒林五，〈朱震傳〉。

撰《宗鏡錄》一百卷，包羅和會佛家各宗派之歧見，可為表徵。禪宗不重經論言詮，而主張在參悟中以心傳心，明心見性。宋興，仁宗好禪學，其他如歐陽修、司馬光、蘇氏父子等亦然，宋儒且多有修禪經驗者，例如：程顥（明道，1032-1085）據述出入老釋數十年❾。朱熹早年博涉內典，其以虛靈不昧狀述「心」，以明善復初為性❿，可說是對佛學取實遺名了。象山學主涵養，務求簡易，宗心樂道，酷以宗門頓悟之傳。平心而論，佛學名相之辨，縝密瑟栗，性理之說，細膩精微，實中國學者所不及，自唐代慧能傳禪宗，不立文字，惟尚機悟，舉凡周、邵、張、程、朱、陸言心性問題，難說不受影響。宋儒之評論佛教，大抵亦根據其對禪宗的瞭解而來。可見，儒佛的融合係賦予理學創造力的動能之一。

㈂書院的設置

　　五代衰亂之際，祭酒職事形同虛設，教育之敝可想見而知。宋代初年略修國子監舍，聽講者寡。仁宗時始內設太學，又詔全國州縣立學❶，宋代書院實造端於南唐昇元年間 (937-942)，大盛於宋慶曆年間 (1041-1048)❷，振興師道，卓然有成者，可見於全祖望（謝山，1705-1755）的一段話：

---

❾　見《宋史》本傳，卷四二七。

❿　見朱熹《大學章句》。

❶　詳《文獻通考學校考》。

❷　王應麟《玉海白鹿洞書院記》曰：「唐李渤與兄涉俱隱白鹿洞，後為江州刺史，郎洞創樹。南唐昇元中，因洞建學館，置田以給諸生，學者大集，以李善道為洞主，當時謂之白鹿國庠。」

有宋真、仁二宗之際，儒林之草昧也。當時濂洛之徒，方萌芽而未出，而睢陽戚氏在宋，泰山孫氏在齊，安定胡氏在吳，相與講明正學，自拔於塵俗之中。亦會值賢者在朝，安陽韓忠獻公，高平范文正，樂安歐陽文忠公，皆卓然有見於道之大概。左提右挈，於是學校遍於四方，師儒之道以立❸。

　　書院計有二種，一種是像這段話所提到者為私立的書院，以嵩陽、嶽麓、睢陽和白鹿洞四者最負盛名。另外一種係由私立改為國立的公立書院，始於大中祥符二年 (1009)。至於書院的教育宗旨，從根本精神來說，就是全氏所言「相與講明正學，自拔於塵俗之中」，從歷史來看，宋代理學的興起與書院的設置及師道的宏揚有著密不可分的關係。蓋師道的宏揚，一則要透過講學來廣大流佈，另方面則有賴於為師者要有令從學者敬仰和效法的生命人格以資身教。因此，師生相與論學和共同生活的書院制度對師生相互的瞭解，彼此的切磋，及感情的培養有莫大的貢獻。其中對師道尊嚴的樹立最足稱道者，可推胡瑗（安定，993–1059）與孫復（泰山，992–1057）二先生，胡、孫兩先生挺身於宋興八十年之後，年輕時曾同學於泰山，先後有十年之久，胡瑗「攻苦食淡，終夜不寢，一坐十年不歸，得家書，見上有平安二字，即投水澗中，恐擾心也。」❹孫復則「築居於泰山之陽，聚徒著書，種竹樹果，蓋有所待也。」❺兩人苦學的歷程，磨礪出他們堅苦卓絕的志節，涵濡了超群的胸懷。

---

❸　見《通志》，卷五九，〈選舉略〉。

❹　見《宋元學案》，卷一，〈安定學案〉。

❺　《徂徠文集》，卷九，〈明隱〉。

兩人的生命氣質一沉潛、篤實，在接引後學成就人才和開展師道上
影響很大，另一則高明、剛健，表現出嚴嚴的氣象；二人各依資稟
所近，以教育精神來扶持名教，藝植綱常，彼此相輔相成，終促成
師道的尊嚴與昂揚，推動了宋代重操守和氣節的理學學風。

三、宋代理學的主要課題

　　至於宋儒之主要課題，我們可借用牟宗三先生的一段話來幫助
理解，他說：「宋明儒之將《論》《孟》《中庸》《易傳》通而一之『成
德之教』，是要說明吾人之自覺的道德實踐所以可能之超越的根據。
此超越根據直接地是吾人之性體，同時即通『於穆不已』之實體而
為一，由之以開道德行為之純亦不已，以洞澈宇宙生化之不息。性
體無外，宇宙秩序即是道德秩序，道德秩序即是宇宙秩序，故成德
之極必是『與天地合其德，與日月合其明，與四時合其序，與鬼神
合其吉凶，先天而天弗違，後天而奉天時』，而以聖者仁心無外之
『天地氣象』以證實之，此是絕對圓滿之教，此是宋明儒之主要課
題。」❶❻就孔子而言，雖未即心言仁，卻預舖了這一條路，待孟子
將仁落實於個體，仁即心，孔子亦未言仁與天合一或為一，然而在
仁心之無限感通原則下，踐仁當可知天。孟子雖言盡心知性知天，
心性從內容來看為一，但未明白肯定心性與天是一，宋儒的課題是
如何努力建立一道德的形上學，使仁與天的內涵、心性與天的關係
在終極根源處密合為一。

　　《中庸》雖然在首章即言「天命之謂性」，但未明示天命的生發

---

❶❻　牟宗三《心體與性體》，臺北，正中書局，1968 年，臺修一版，第一冊，
　　頁三七。

處及命賦的性為一形上的實體，亦未肯定天命不已的實體內在於個體即是個體之性。就《易傳》而言，〈乾卦〉〈文言傳〉雖說：「乾道變化，各正性命」但未明白表示乾為一創生不已的形上實體，以及該形上實體係內在於個體的生命中為個體的性命。因此，宋儒的課題是如何將《中庸》《易傳》所未言，但已隱含的這一義理趨向，借鏡於佛家與道家而使之發展落實為天人性命相貫通的一本論。

再者孔孟雖重德性的實踐，然而對實踐的工夫多點到為止，與佛、道對照，有未盡詳細及曲折性，而較顯簡略。因此，對宋儒而言，如何吸收道家靜坐、虛心，禪家參悟、明心等修道的工夫，轉化成儒家自身細密的成德工夫以真正發展和實現儒家的德性生命，顯然成為宋儒所該回應的儒學時代課題了。

第二章　象山哲學的學脈及其著作

陸象山諱九淵，字子靜，生於宋高宗紹興九年二月己亥，合西元 1139 年，卒於宋光宗紹熙三年十二月十四日，合西元 1193 年二月四日 ❶，享年五十四歲。象山處南宋與朱熹 (1130–1200) 曾有過中國哲學史上令人矚目的鵝湖會，且書信往來計四十餘通，凡十七年 ❷。他在宋明哲學中最大的貢獻在建立心學的宏規，與朱熹的學說分庭抗禮，交互激盪與發展，對此後的中國哲學有著深遠的影響。

象山本人及明代王守仁 (1472–1529) 皆謂其心學跨越時空，直契孟子，令人刮目相看。本文試由史的考察來探討象山學說所由形成的學脈，並究明其哲學方法。

一、象山的學歷

吾人由象山高足楊簡 （慈湖，1141–1226） 所作〈象山先生行狀〉 ❸ 得知象山在兄弟六人中，排行老么。楊氏對其幼年時代的個性與稟賦描述說：

> 先生幼不戲弄，靜重如成人。三、四歲時，常侍宣教公行，

---

❶ 據象山高足楊簡所著行狀，象山卒於紹熙三年十二月，而紹熙四年元旦已為西元 1193 年二月四日，則可推算出陸氏卒時為西元 1193 年一月。

❷ 見陳榮捷先生著〈朱陸通訊詳述〉一文，收錄於其《朱學論集》一書，頁二五一～二六九，（學生書局，1982）。

❸ 見《象山全集》，卷三三，〈象山先生行狀〉，頁三八五～三八六。（臺灣商務印書館，1979）以下簡稱《全集》。

遇事物必致問。一日，忽問天地何所窮際？宣教公笑而不答，
遂深思至忘寢食。角總經夕不脫。衣履有弊而無壞。襪至三
接，手甲甚修。足跡未嘗至庖廚。常有掃灑林下，晏坐終日。
立於門，過者駐望稱歎，以其端莊雍容，異常兒也。五歲讀
書，紙隅無捲摺。六歲侍親會嘉禮，衣以華好，卻不受；季
兄復齋，年十三，舉禮經以告，先生迺受。與人粹然樂易，
然惡無禮者。讀書不苟簡，外視雖若閒暇，而實勤於考索。
伯兄總家務，常夜分起，必見先生秉燭檢書。

由這段記載，吾人可據以瞭解象山天生的秉賦、個性傾向和內在的
才具：從其日常生活中，表現得「靜重如成人」、「角總經夕不脫」、
「手甲甚修」、「讀書紙隅無捲摺」，得知象山從小就有沉著穩健，自
愛、自重和自律的涵泳氣象。心態所及，自然涵具「衣履有弊而無
壞，襪至三接」、「衣以華好，卻不受。」的節儉和篤實美德。在他
的學習態度上，觀其「遇事物必致問」、「讀書不苟簡，外視雖若閒
暇，而實勤於考索。」足見他精於營思，專注於理會的好學態度。
再審視他在待人處世方面的表現，則「與人粹然樂易，然惡無禮
者。」知其文質彬彬，好與人為善，卻進退有守，舉止溫而厲，卓
然有以自立。

　　至此，吾人再進一步從〈象山年譜〉❹中，摘錄出其一生為學
的歷程，及特具意義的行誼。

　　象山三、四歲時，曾因突發奇想，追究天地的際限，乃至得不
到答案而不進食，從此懸疑於心中。

　　十三歲，因讀古事，得解「宇宙」一詞為「四方上下曰宇，往

❹　同❸，卷三六，頁四八五～五四一。

古來今日宙。」，遂使懸念在心中多年的老問題，至此，豁然省悟，
而說：

> 元來無窮，人與天地萬物，皆在無窮之中者也。（乃接筆書
> 曰）宇宙內事，乃己分內事，己分內事，乃宇宙內事。

又說：

> 宇宙便是吾心，吾心即是宇宙。東海有聖人出焉，此心同也，
> 此理同也。西海有聖人出焉，此心同也，此理同也。南海、
> 北海有聖人出焉，此心同也，此理同也。千百世之上，至千
> 百世之下，有聖人出焉，此心此理，亦莫不同也。

象山滿懷宇宙情操的這一洞悟，對其一生的學思路向及其講學精神
可謂事關宏旨。此後，他在接引後學時，常以宇宙格局做背景來啟
悟學者，例如，他說：「此理塞宇宙，誰能逃之，順之則吉，違之則
凶。」❺「宇宙不曾限隔人，人自限隔宇宙。」❻「萬物森然於方
寸之間，滿心而發，充塞宇宙，無非此理。孟子就四端上指示人，
豈是人心只有這四端而已。」❼

　　十五歲初夏的某日，象山侍候長上郊行，一行人因興之所至而
賦詩，象山分韻得「偕」字，作了下面一首詩：

---

❺　同❸，卷三四，頁四一八。
❻　同前，頁三九九。
❼　同前，頁四二三。

　　講習豈無樂，鑽磨未有涯；
　　　書非貴口誦，學必到心齋。
　　酒可陶吾性，詩堪述所懷；
　　　誰言曾點志，吾得與之偕。

由這首詩，得觀象山少年時代對讀書所確立的態度，就在於體認和
實踐有意義的生活。這種將書中道理與個人生活融合無間的意向，
自然使象山欽羨和嚮往曾點胸次悠然的志趣，其實學實用的生命之
學問，當然有別於口耳記誦之學。我們可以確信象山早年即已孕育
了心學❽的潛在意識。

　　二十四歲，參加秋試，以《周禮》鄉舉，不以考試得失為念，
因此，得以直抒胸懷，結果評為第四名。考官王景文質批曰：「毫髮
無遺恨，波瀾獨老成。」

　　三十三歲，象山以《易經》應鄉舉秋試，得解。考官評曰：「如
端人正士，衣冠佩玉。」

　　三十四歲，參加春試，南宮中選。此次，恰遇呂祖謙 (1137–
1181) 任考官，批其卷曰：「此卷超絕有學問者，必是江西陸子靜之
文，此人斷不可失也。」五月，廷對，賜同進士出身。這一年，楊
簡始承教於先生門下。七月，返家，遠近風聞，來親炙者日眾。象
山以槐堂為講學之地，以辨志、辨義利為教人的首要事❾。

　　三十七歲，春末，呂祖謙約象山及其兄復齋 （九齡，1132–

---

❽　「心學」一詞被用以指涉某學說之系統，首推邵雍 (1011–1077) 在《皇極
　　經世》，卷八下，標題「心學第十二」首句即云：「心為太極」。

❾　同❹，頁四九六。

1180），與朱熹等人在廣信的鵝湖寺聚會，期能調和折衷朱學與陸學之異，以定適從。

　　四十三歲，春二月，象山訪朱熹於南康，受邀講學於白鹿洞書院，講題取《論語・里仁篇》：「君子喻於義，小人喻於利」章，旨在教學者明辨義利與公私，在場者多被其真切懇至之言所感動。

　　四十六歲，上殿輪對五劄，朱熹索閱象山奏劄，貽書曰：「得聞至論，慰沃良深，其規模宏大，源流深遠，……但向上一路，未曾撥著。」象山回信謂：「豈待之太重，望之太過，未免金注之昏耶。」

　　四十九歲，登貴溪應天山講學，築精舍。冬，始與朱熹辯無極、太極問題。

　　五十歲，象山基於儒佛的界線意識，不滿應天山之名出於僧者所取。乃因山形似象而易名為「象山」，自號象山居士，學徒來此結廬者不少。夏四月及冬十二月，續與朱熹書信往來，辯《太極圖說》。

　　五十一歲，與唐司法書，論及私立門戶之非，主張「理」係天下公理，「心」係天下同心，當以公理是依，不苟私門戶。

　　五十三歲，下山赴荊門，囑傅子雲居山講學。

二、象山心學所由形成的學脈

　　吾人對象山心學的學脈問題，綜合各方的說法，似可歸納為三種主要論調。茲依中國哲學史發展的先後，分別析論於下：

㈠跨越時空直契孟子（西元前 372–289）

持這一說法者有象山自身及明儒王守仁。王守仁對象山常被人指認為禪學的學法，頗不以為然，乃堅稱象山之學係直承孟子之學。他說：

> 故吾嘗斷以陸氏之學，孟氏之學也。而世之議者，以其與晦翁（朱熹）之有異同，而遂詆以為禪。夫禪之說，棄人倫，遺物理，而要其歸極，不可以為天下國家。苟陸氏之學，而果若是也，乃所以為禪學也。今禪之說，與陸氏之說，孟氏之說，其書具存；學者苟取而觀之，其是非同異，當有不待於辯說者❿。

王守仁認為儒家之學乃是聖人之學，而聖人之學就是心學。並且取認偽《古文尚書》的「人心惟危，道心惟微，惟精惟一，允執厥中。」為堯、舜、禹相授受的心學之源。心學為孔、孟所宗，然而孔子時，子貢曾致疑於多學而識的德性修養之工夫入路問題。孟子之時，務功利者已析心與理為二，致使儒者支離於外求刑名器數的物理之學。以後，佛老棄人物事物之常，以求於心，直到宋代的周程二子，才再探溯孔孟之宗，承接心學的統緒，等到陸象山發明簡易直截的心學，才算是真正地接荀子、孟子所傳⓫。

王守仁據以劃分陸學和禪學界線者，在於儒家《大學》所標示的家、國、天下連屬於一身的使命意識，和為人類謀求現世幸福的

❿　《全集》，見王守仁著〈象山先生全集敘〉頁一～二。
⓫　同前，頁一。

入世精神。並且持此一論點稱許象山之學的真淵藪係孟子之學，言下之意，隱含了周、程二子及象山等重建了隔代相傳的儒家道統❶❷。

事實上，象山亦以澄清儒佛的差異來辯護自己為儒而非禪。他說：

> 釋氏立教，本欲脫離生死，惟主於成其私耳。此其病根也❶❸。
> 釋氏謂此一物，非他物故也，然與吾儒不同。吾儒無不該備，無不管攝。釋了此一身，皆無餘事。公私義利於此而分矣❶❹！

佛家的「此一物」，指作為真如本體的心體，佛家所主張的人生修行，旨在貞定「此一物」，以期了脫生死的糾纏，所以稱「皆無餘事」。儒家則以此身此世的修身、齊家、治國、平天下事自許，因此「無不該備，無不管攝。」

因此，從象山的立場而言，佛家只成全一己的生命問題，在心理動機上有自私自利之嫌。至於儒家，則肯定現世的存在價值，以廣大悉備，忠恕體物之心，己立而立人，己達而達人，能兼人我，乃萬物，因此在道德判斷上可謂既「公」且「義」。在象山的眼光裏，公私義利之辨，成為區別儒佛二家分野的判準。從這點而看，象山雖也承認佛家有其見地，或象山自己受其影響而不自覺。但就象山立說的根本精神而言，他是位澈底的儒者。那麼他對他所認定的儒家思想來源，究竟是甚麼呢？象山說：

---

❶❷　理學家的道統，似相應於禪宗的宗統，所不同者，道統許隔世相承，宗統則代代傳燈，且建立了教外別傳，不立文字的宗風。

❶❸　《全集》，卷三四，頁三九八。

❶❹　《全集》，卷三五，頁四七九～四八〇。

竊不自揆，區區之學，自謂孟子之後，至是而始一明也 ❶ 。

門人詹子南亦記述說：

某嘗問：「先生之學，亦有所受乎？」曰：「因讀《孟子》而
自得之。」 ❶

　　吾人審視孟子心性論所蘊含的諸般論點，例如：「求放心」、「不
動心」、「集義」、「存心」、「養心莫善於寡欲」、「養浩然之氣」、「萬
物皆備於我」、「明善誠身」、「勿忘勿助」、「盡心、知性、知天」……
等等，皆含具在象山的思想中。
　　平心而論，象山所承繼的，並非僅孟子一人耳。蓋孟子思想亦
有其根源。孟子除私淑孔子（西元前 551–479）外，吾人觀其常引
述《詩經》之言，計三十次之多；論《詩》者有四處。其次，孟子
稱引《尚書》者，凡十八次；論《書》者，有一處。引孔子之言者
則為三十九次 ❶ 。此外，孟子所言三代修己治人、化民成俗之典章
制度，多出於《禮》《樂》。孟子所倡言的人獸之分、夷夏之防、王
霸與義利之辨，則多本諸《春秋》。由此，吾人足窺孟子之學與孔子
六藝經教的淵源。
　　在先秦儒學中，象山所崇尚的學者，除孟子外，尚有與孟子學
關係密切的其他幾位儒者。象山說：

---

❶　《全集》，卷一〇，〈與路彥彬書〉，頁一二九。
❶　《全集》，卷三五，詹阜民錄，頁四七六。
❶　見諸於《論語》者有八，例如：「里仁為美」、「大哉！堯之為君也。」

> 至於近時，伊洛諸賢，研道益深，講道益詳。志向之專，踐
> 行之篤，乃漢唐所無有，其所植立成就，可謂盛矣。然江漢
> 以濯之，秋陽以暴之，未見其如曾子之能信其皜皜；肫肫其
> 仁，淵淵其淵，未見其如子思之能達其浩浩；正人心，息邪
> 說，距詖行，放淫辭，未見其如孟子之長於知言，而有以承
> 三聖也❶❽。

值得我們注意的是「肫肫其仁，淵淵其淵」，語出《中庸》第三十二
章。象山言語中，甚多引述《中庸》處，蓋《中庸》與《孟子》在
思想中互為表裏，相互發明，其對象山心學的重要性，亦可想而知
了。據此，我們從象山這段話中，亦可瞭解到象山何以推崇曾子和
子思了。

　　綜上所述，我們可以明確地說，象山的學脈係承接了以孟子為
核心的學系，向上涵括了孟子之前的堯、舜、孔子、曾子（西元前
505-？）和子思（西元前 492-？）。這一學系對全正之道的孔子而
言，較側重覺醒吾人內在德性心的靈覺，立乎其大，以約應博，係
傳道之儒，可稱為思孟學派，有別於子夏（西元前 507-？）、荀子
（西元前 321-238）的傳經之儒。傳經之儒較重博學多識、禮樂外
鑠之制，與象山不契應。

㈡時人視象山為禪學的說法

　　我們從《象山全集》中可得知，與象山同時代的人，常視象山
為禪學，在此試舉二例證來說明。

---

❶❽　《全集》，卷一，〈與姪孫濬書〉，頁一二。

其一

> 先生言：「吳君玉自負明敏，至槐堂五日，每舉書句自問。隨
> 其所問，解釋其疑；然後從其所曉，敷廣其說，每每如此，
> 其人再三稱嘆云：『天下皆說先生是禪學，獨某見得先生是聖
> 學。』然退省其私，又卻都無事了。此人明敏，只是不得久
> 與之切磋。」❶⑲

其二

> 讀輪對第二劄，論道。上曰（宋孝宗說）：「自秦漢而下，無
> 人主知道。」甚有自負之意。其說，甚多禪。答：「臣不敢奉
> 詔。臣之道，不如此。生聚教訓處，便是道。」⑳

可知當時的人，上自天子，下至一般輿論，都把象山的學說視為禪
學。連朱熹也不例外，朱子在寫給陸象山的信札中，便具明此意。
朱熹說：

> 奏篇垂寄，得聞至論，慰沃良深，其規模宏大而源流深遠。
> ……但向上一路，未曾撥轉處，未免使人疑著，恐是蔥嶺帶
> 來耳。如何？如何？一笑㉑。

⑲　《全集》，卷三四，門人嚴松松年錄，頁四二五。
⑳　《全集》，卷三五，門人包揚顯道錄，頁四五〇。
㉑　《朱文公文集》，卷三六，上冊，頁五〇七。〈寄陸子靜第一書〉，（臺灣商
　　務，1980）。

據陳榮捷先生的解釋：「所謂向上，即是未于正心、誠意切實下工夫處有開導。蔥嶺帶來，即菩提達摩帶來之禪也。」❷據我們的觀察，象山雖然以公私、義利之辨來劃清儒佛界線，但是佛學，特別是禪學，對當時而言，影響已經深遠。宋儒表面上雖排佛，然而卻在不自覺的狀態中，也吸取了不少佛學概念和詮釋法。象山也曾明白地承認涉獵過佛書。他說：

> 某雖不曾看釋藏經教，然而《楞嚴》、《圓覺》、《維摩》等經，則嘗見之❷。

事實上，象山崇尚立乎其大，發明本心的簡易學風，頗近似禪學的直指人心，見性成佛。門人詹阜民子南所錄的一段話，頗具代表性：

> 先生舉公都子問鈞是人也一章云：「人有五官，官有其職。」某因思是便收此心，然惟有照物而已。他日，侍坐無所問，先生謂曰：「學者能常閉目亦佳。」某因此，無事則安坐瞑目，用力操存，夜以繼日，如此者半月。一日下樓，忽覺此心已復澄瑩中立，竊異之；遂見先生，先生目逆而視之曰：「此理已顯也。」某問先生何以知之？曰：「占之眸子而已。」❷

---

❷　同❷，頁二五七。
❷　《全集》，卷二，〈與王順伯書〉，頁二〇。
❷　《全集》，卷三五，詹阜民錄，頁四七五。

象山所謂「閉目」的修心法，據詹阜民的瞭解，就是「安坐瞑目，用力操持。」宋儒靜坐的修養工夫，或由禪家坐禪得來，或借自道家清靜守靜的修養法。詹阜民的「忽覺此心已復澄瑩中立」，就是佛家頓悟識心的效驗。其所稱「惟有照物而已」的「照物」，乃即佛家光明寂照之照。象山不僅不自覺地受了禪家的影響，且也無形中受了道家的影響。《全集》載：「或有譏先生之教人，專欲管歸一路者，先生曰：『吾亦只有此一路。』」❷❺此外，象山說：「千古聖賢，只是辦一件事，無兩件事。」❷❻可見其難免受老子「抱一以為天下式」的修養論影響。

吾人再審視象山說：「人精神在外，至死也勞攘，須收拾作主宰，收得精神在內時，當惻隱即惻隱，當羞惡即羞惡，誰欺得你？誰瞞得你？」❷❼與莊子「神全者聖人之道」的全神工夫，有異曲同工之處。又〈年譜〉有載：

> 章仲至云：「象山先生講論終日不倦，夜亦不困，若法令者之為也，連日應酬勞而早起精神，益覺炯然。」問曰：「先生何以能然？」先生曰：「家有壬癸神，能供千斛水。」❷❽

象山所謂「家有壬癸神」，即謂其軀殼中，已養得道教所謂的元精、元神或元氣。而「能供千斛水」為比喻語，意指能運用此內在的元精、元神或元氣來應萬事，而能不為物累，不為情遷。凡此類言語

---

❷❺　《全集》，卷三四，門人傅季魯編錄，頁四〇九。

❷❻　《全集》，卷三五，門人周廉夫錄，頁四三五。

❷❼　同❷〇，頁四五七。

❷❽　《全集》，卷三六，頁五一〇。

皆暗示象山思想受到道教和道家影響的痕跡。象山自身也曾明白地
說：

> 佛老高一世人，只是道偏，不是 ㉙。

若象山未涉獵過佛、道二學派，則何以能識得而為佛老之言所動？
且稱許佛老為「高一世人」。至少，我們能確定的一點是象山研讀佛
老之餘，吸收了佛老的若干思想，融入自己的心學中而不自覺。但
是當他處在自覺狀態時，則堅決護持儒家，排斥佛老。這點似乎
是不少理學家的共同特色，我們也可見怪不怪了。

　　蓋老學盛行於兩漢和魏晉。此後，老學漸衰，佛學漸盛，歷六
朝、隋代而至唐朝到達高峰。韓愈雖力闢之，而終不能挫其勢。後
來禪宗異軍突起，將佛教的佛理，由意境內容，形之於文字而寓禪
理於詩，詩味禪趣滲透無間，表達形式中國化，文人雅士樂於接受，
韓愈雖排佛，卻常與大顛禪師交接，可見一斑。至宋，禪學尤盛，
若干部經籍廣為流行，文人學士無不學禪，連程朱亦曾學佛而受其
影響。我們就理學所選的經籍及著作體裁觀之，即可窺一、二。

　　禪宗挺秀之後，心性之談，形成士大夫注目的焦點。韓愈推崇
孟子，取因於孟子言心性較多，可與佛學相抗。朱子取《禮記》中
的《大學》、《中庸》二篇文章與《論語》、《孟子》合輯四書，從某
一角度觀察，此二篇文章除了在內容上偏重心性說和較具系統性之
外，其儒學的重要性難並列於《禮記》中〈儒行〉、〈大同〉、〈檀弓〉
……等等篇章。象山特重《孟子》與《中庸》，其間原因，可窺得禪
宗在無形的影響下，使理學家對某些先秦儒學典籍所以特別偏愛和

㉙　《全集》，卷三五。

重視的緣故了。

在理學家的著作體裁上，以《象山全集》為例，除了書信外，主要內容就是語錄了。反觀禪宗，雖主張不立文字，但是明心見性之悟入，仍難脫離載道之器，因此禪理的流傳仍不離文字，事實上是難廢文字。因此，禪宗大師語錄之多，超乎各宗。考禪宗語錄之緣起，據《傳法寶紀僧（慧可）傳》曰：「隨機化導，如響應聲，觸物指明，動為至會，故門人竊有存錄。」今所得知禪宗語錄最早者為《六祖壇經》和《神會和尚語錄》，二語錄皆見藏於敦煌石室。至《論語》錄的作用，則《古尊宿語錄序》曰：「人根有利鈍，故機語有開、斂、鍼、砭，藥餌膏盲，頓起縱橫展拓，太虛不痕，雖古人用過，時無古今，死路活行，死棋活著，觀照激發，如龍得水，故曰言語載道之器，雖佛祖不得而廢也。」理學家藉語錄來啟引吾人的心思靈覺以反省內證，與禪家的語錄，言殊而恉歸則一。錢穆先生指出宋代理學家的語錄典籍，係受禪宗的影響而生，他說：

> 宋代的理學受了禪宗很大的影響，至少如宋代理學家的語錄，便是從禪宗祖師們的語錄轉來。……這種語錄，當然起於唐代的禪宗，所以我們絕不能說宋人的理學和唐五代的禪宗沒有關係。但我們也不能換一句口氣，說宋人的理學即是佛學，或即是禪宗；這話又根本不對。但我們也不能說理學是講孔孟儒家思想的，和佛家禪宗絕無關係，可見一切學問不能粗講，應該有個仔細的分別，此所謂「明辨」❸⓪。

---

❸⓪　見《文藝復興月刊》第三〇期，錢穆著〈黃梨洲的明儒學案〉，〈全謝山的宋元學案〉。

錢穆先生的這段「明辨」當可解釋象山心學與禪學的關係了。

㈕宋元學案的說法

全祖望（謝山，1705-1755）在《宋元學案》，卷五十八，〈象山學案·卷首序錄〉處說：

> 象山之學，先立乎其大者，本乎《孟子》，足以砭末俗口耳支離之學。但象山天分高，出語驚人，或失於偏而不自知，是則其病也。程門自謝上蔡以後，王信伯、林竹軒、張無垢至於林艾軒，皆其前茅，及象山而大成❸。

王梓材似乎接受了全氏的說法，而於〈象山學案〉表下注曰：「庸齋、梭山、復齋弟，艾軒講友，上蔡、震澤、橫浦、林竹軒續傳。」認為象山學說，不僅淵於家學，且由林季仲（竹軒）、張九成（橫浦，1092-1159）、王蘋（信伯，1082-1153）、謝良佐（上蔡，1050-1103）溯源於程顥（明道，1032-1085），全祖望於〈震澤學案〉下亦言：

> 洛學……其入吳也以王信伯。信伯極為龜山所許，而晦翁最貶之，其後陽明又最稱之。予讀《信伯集》，頗啟象山之萌芽，其貶之者以此，其稱之者亦以此。象山之學本無師承，東發以為遙出於上蔡，予以為兼出於信伯，蓋程門已有此一種矣❸。

---

❸　《宋元學案》〈中〉，卷五八，〈象山學案〉卷首，頁四，(臺北河洛圖書出版社，1975)。

象山學術之學脈，黃東發（百家，1643-？）以為「遙出於上蔡」，全氏則謂其「兼出於信伯」，因此，王梓材之註似出乎意擬，然亦未嘗全無據。全氏揭示「象山之學，先立乎其大者」，語意稍嫌含糊，似未能直指象山學問的骨髓。蓋「大者」依象山思想當實指吾人道德的本心，或本心所容載的天理，象山學問的核心即在發明本心的心學。一般而言，黃宗羲（梨洲，1610-1695）、全謝山等人，並非專精理學內部理論的哲學家，梨洲的《明儒學案》，黃氏父子及全氏所合著的《宋元學案》，較側重學術之史的「傳承關係」，對各家學說內涵，則未能深入研析，精確辨微，因此，只能稱為學術思想史家。然而全氏和王梓材對象山學術的來源之敘述，亦非全無採信處，當可做為一假設性的線索來窺測象山心學所由成的學脈系絡。一般而言，象山心學較近似明道與上蔡，今據日本學者宇野哲人的研究，洛學中含有唯心論傾向的學者，有下列線索可循 ❸❸：

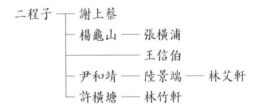

　　中國學者夏君虞則將陸學流派分一、本身，二、源，三、流來陳述，其中對陸學本身即象山的家學之授受列表如下：

❸❷　同❸❶，卷二九，頁三。

❸❸　宇野哲人著《中國近世儒學史》，馬福辰譯，頁二一八。（臺北中國文化大學出版部，1982）。

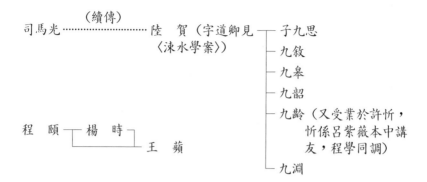

關於陸學的家學將容後紹述，現在先看看夏先生對陸學之來源所做
的表錄❸❹：

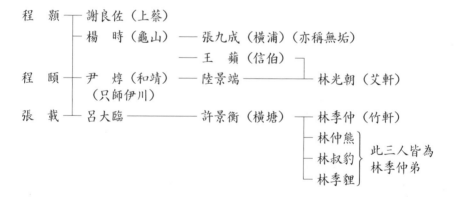

我們參照這些說法，取同去異，可梳理出一條可能為象山學脈
的線索，依序為程顥、謝良佐、楊時、張九成、王蘋與林光朝。今
逐一擇取他們有關心學的精要語，關聯和對照於象山的核心語，當

---

❸❹　夏君虞著《宋學概要》，象山的〈家學授受表〉見頁一一八～一一九，陸
　　學的〈來源表〉見頁一二〇～一二一。（臺北華世出版社 1976 年臺一版）。

可發覺其間的牽連。

(1)程顥（明道，1032–1085）

　　論「心」的切要語：

> 天地之間，非獨人為至靈，自家心，便是草木禽獸之心也。
> 但人受天地之中以生爾❸。
> 嘗喻以心知天。猶居京師往長安，但知出西門，便到長安。
> 此猶是作兩處，若要至誠，只在京師，便是到長安，更不可
> 別求長安。只心便是天，盡之便知性，知性便知天，當處便
> 認取，更不可外求❸。
> 人心莫不有知，唯蔽於人欲，則亡天德也❸。

明道所謂自家心不但為人所以至靈處，亦是天地萬物會歸處。心、
性與天直貫為一，皆先天內俱於人生命中，人所以不能反求諸己而
自覺體證的原因，主要係人蔽於人欲，遮蔽了此一天德。

　　論修養工夫方面的切要語：

> 醫書言手足痿痺為不仁，此言最善名狀。仁者以天地萬物為
> 一體，莫非己也。認得為己，何所不至。若不有己，自與己
> 不相干。如手足不仁，氣己不貫，皆不屬己❸。

---

❸　《二程遺書》，卷一。
❸　同❸，卷二上。
❸　同❸，卷一一。
❸　同❸。

　　　學者須先識仁。仁者渾然與物同體，義、禮、知、信皆仁也。
　　識得此理，以誠敬存之而已；不須防檢，不須窮索。心若懈
　　則有防，心苟不懈，何防之有。理有未得，故須窮索，存久
　　自明，安待窮索。此道與物無對，大不足以名之，天地之用，
　　皆我之用。孟子言萬物皆備於我，須反身而誠乃得大樂**❸❾**。

天人無間，人物無對，識得「仁者渾然與物同體」之理，以誠敬存
養此心，存久自明，發用此心，感通萬物，反身而誠，貴在自得，
悠然自適，自然無需苦索和力檢了。可見明道的修養論為自誠明的
務內論。

⑵謝良佐（上蔡，1050–1103）

　　專研究心性，其學承明道之「心」的直覺功夫，持敬靜坐，默
識心通，開橫浦象山之學。
　　論心方面：

　　　心者，何也？仁是已。仁者，何也？活者為仁，死者為不仁。
　　今人身體麻痺不知痛癢，謂之不仁。桃杏之核，可種而生者，
　　謂之桃仁杏仁，言有生之意。推此，仁可見矣。……仁，操
　　則存，舍則亡，故曾子曰：動容貌，正顏色，出辭氣。出辭
　　氣者，從此廣大心中流出也**❹❶**。
　　　仁者，天之理也，非杜撰也**❹❶**。

---

❸❾　同**❸❻**，〈識仁篇〉。
❹❶　《上蔡語錄》，頁五。（臺北廣文書局版）。

心就是仁，仁是天理，此天理乃一具生機動力的活體。因此，心能活生生地感通於外在世界，能當下直接地「識痛癢」，因應物而流出「辭氣」。由此看來，人的本心若發用其本然的靈覺，是能通幾於形上的天理。

論修養工夫方面：

> 循理則與天為一，與天為一，我非我也，理也。理非理也，天也❷。
>
> 何者為我？理便是我。窮理之至，自然不勉而中，不思而得，從容中道。曰：理必物物而窮之乎？曰：必窮其大者。理一而已，一處理窮，觸處皆通，恕，其窮理之本歟❸。

由於天人無隔，一理貫通，因此理便是真我，人之窮理就是找尋真我，真我是向內尋向本心，亦即體貼天理，體貼天理的吃緊處就在一「恕」字。恕是就心之用上著手，心能在不勉不思中，怵惕惻隱，識覺痛癢，便是率性，順理而與天合一。因此，存天理，去人欲以復合於天為其修養方法。

⑶楊時（龜山，1053-1135）

二程子講孔孟時，楊時毅然不赴官而見明道，明道亦甚賞識他。當楊時離開時，明道曾目送而曰：「吾道南矣。」

論「心」的切要語：

---

❹ 同❹。
❷ 同❹，頁五二。
❸ 同❹，頁四七。

> 君子之治心養氣，接物應事，惟直而已，直則無所事矣。……
> 維摩經云：直心是道場。儒佛至此，實無二理❹。
>
> 要以身體之，心驗之，雍容自盡於燕閑靜一之中，默而識之，
> 兼忘於書言意象之表，則庶乎其至焉。反之，皆口耳誦數之
> 學耳❹！

楊時祖述孟子養氣說，以一元氣論，認為真知在以直來治心養氣，若能洗心、忘私，除盡私心妄意，則在「從容默會」、「超然自得」中合內外、一物我。

⑷張九成（橫浦，1092－1159）

　　《宋元學案》於〈橫浦學案〉表謂：「張九成──龜山門人，二程再傳，安定、濂溪三傳，陸學之先。」全祖望的案語是：「龜山弟子以風節先顯者，無如橫浦，而駁學亦以橫浦為最，晦翁斥其書，比之洪水猛獸之災，其可畏哉？然橫浦之羽翼聖門者，正未可泯也。」❹

　　論心的切要語：

> 或問六經與人心所得如何？曰：六經之書，焚燒無餘，而出
> 於人心者常在。則經非紙上語，乃人心中理耳❹。

---

❹　見《楊龜山先生全集》，卷一〇，〈荊州所聞〉頁五三二。（臺北學生書局版）。

❹　同❹，卷一七，頁七八〇。

❹　同❸，卷四〇，頁八六。

仁即是覺，覺即是心，因心生覺，因覺有仁❹。

論修養工夫的切要語：

有志者，其規模必先定，無志者，一切皆偶然❹。
凡古人書中用得處，便是自家行處，何問古今？只為今人作
用，多不是胸中流出，與紙上遂不同❺。

⑸王蘋（信伯，1082–1153）

〈震澤學案〉表謂：「王蘋──伊川、龜山門人，安定、濂溪、
明道再傳，陸學之先。」全祖望在案語中說：「象山之學，本無所
承，東發以為遙出于上蔡，予以為兼出於信伯。」

論心的切要語：

試體究此時此心如何？堯舜揖遜之心，即群后德讓之心，即
黎民於變時雍之心。……聖人之道，無本末，無精粗，徹上
徹下，只是一理❺。

---

❹ 同❹，頁八八。
❹ 同❹，頁九二。
❹ 同❹。
❺ 同❹，頁九三。
❺ 同❹，卷二九，頁六。

論修養工夫的切要語：

> 問如何是萬物皆備於我？先生正容曰：「萬物皆備於我，某于
> 言下有省。」❺❷
> 初見伊川，令看《論語》，且略通大義。……讀了，又時時靜
> 坐，靜坐又忽讀，忽然有個入處，因往伊川處吐露，伊川肯
> 之。某（林拙齋）因問其所入處如何？時方對飯，信伯曰：
> 「當此之時，面前樽俎之類，盡見從此中流出。」❺❸
> 道須涵泳，方自有得❺❹。

⑹林光朝（艾軒，1114–1178）

《宋元學案》、〈艾軒學案〉表謂：「林光朝——陸子正門人和靖
震澤再傳，伊川三傳，安定、濂溪、涑水、百源四傳。」全祖望案
語有云：「愚讀艾軒之書，似兼有得于王信伯。蓋陸氏亦嘗從信伯遊
也。且艾軒宗旨，本於和靖者反少，而本于信伯者反多，實先槐堂
之三陸而起。」

〈學案〉中評傳林艾軒有言：

> 惟口授學者，使之心通理解，嘗曰：「道之本體全于太虛，六
> 經既發明之，後世注解，已涉支離，若復增加，道愈遠矣。」
> 又曰：「日用是根株，言語文字是注腳。」❺❺

---

❺❷ 同❺❶，頁六。
❺❸ 同❺❶，頁八。
❺❹ 同❺❶，頁七。

〈艾軒學案〉中稱陸象山為艾軒講友。此外，與象山同時代的另一學者林季仲（竹軒）遺書不傳，全祖望卻得見其送虞仲琳詩，謂竹軒已開象山宗旨，該詩文為：

> 儒生底用苦知書，學到根源物物無；曾子當年多一唯，顏淵終日只如愚；水流萬壑心無競，月落千山影自孤；把手沙頭莫言別，與君原不隔江湖❺❻。

　　今將上述諸儒於論心及論修養工夫處與象山的說法做一會證。在論心方面，象山基於天人一體的形上信念，倡言本心為天所賦予吾人的先驗之心。心含一切日用人倫的應然之理，心就是理，所謂：「四端者，即此心也，天之所予我者，即此心也，人皆有是心，心皆具是理，心即理也。」❺❼心的作用特徵就是靈覺反省，仁就是心，是人超越於禽獸萬物之上的本質特徵，象山說：「仁，人心也。心之在人，是人之所以為人，而與禽獸草木異焉者也。」❺❽天、理、仁、心貫通為一本，為人普遍的同一性，象山曰：「宇宙便是吾心，吾心即是宇宙。東海有聖人出焉，此心同也，此理同也。西海有聖人出焉。此心同也，此理同也。……千百世之上，至千百世之下，有聖人出焉，此心此理亦莫不同也。」❺❾象山這些論心的基本涵義與程

---

❺❺　同❸❶，卷四七，頁一一二。

❺❻　林季仲，字懿成，號竹軒，永嘉人，此詩為其〈送虞仲琳詩〉，出處見《宋元學案》，卷三二，頁九一。

❺❼　《全集》，卷一一，〈與李宰書〉二，頁一四四。

❺❽　《全集》，卷二三，〈學問求放心〉，頁三七〇。

❺❾　《全集》，卷三六，頁四八九。

明道「只心便是天」、謝上蔡的「心等同於仁，仁者，天之理也」、
楊時所引用的「直心是道場」、張九成「出於人心者常在」、王蘋「堯
舜揖遜之心，即群后德讓之心，即黎民於變時雍之心。」、林光朝
「日用是根株」和林竹軒「與君原不隔江湖」等言語，真可說是聲
氣相投，前後呼應。謝上蔡與張九成之以覺釋仁言心，在〈象山學
說〉中更是重要，我們可以說，前人思路有此趨勢，在因緣感應下，
象山不覺中受其啟發而成。

　　象山在修養工夫上，力主尊德性為本，道問學為末，要人先立
定志向，再存養、活現此心，使本心為自我生命的主宰，所謂：「人
要有大志，常人汨沒聲色富貴間，良心善性都蒙蔽了。」❻「存養
是主人，檢歛是奴僕。」❻、「自得、自成、自道，不倚師友載
籍。」❻、「收拾精神，自作主宰，萬物皆備於我，有何欠
闕。」❻、「不專論事論末，專就心上說。」❻、「心之體甚大。若
能盡我之心，便與天同。」❻這些論旨與前述程明道的「識得此理，
以誠敬存之而已；不須防檢，不須窮索。」謝上蔡的「理便是我，
……理一而已，一處理窮，觸處皆通。」楊時的「要以身體之，心
驗之」、張九成的「有志者，其規模必先定。」王蘋的「萬物皆備於
我，某於言下有省。」、「道須涵泳，方自有得」、林光朝的「日用是
根株，言語文字是注腳。」等可說是言殊義同，一脈相通。我們可

---

❻　《全集》，卷三五，包揚顯道錄，頁四五四。

❻　同❻，頁四五三。

❻　同❻，頁四五六。

❻　同❻，頁四五九。

❻　同❻，頁四七四。

❻　《全集》，卷三五，李伯敏錄，頁四四七。

以說這是前人的思想蘊涵在前，呼之欲出，象山順著趨向衍生昌明
於後。

最後，我們來探討影響象山思想所由成的家學因素。象山的家
庭幾乎是理學之家，其父陸賀與五位兒子，一位曾孫陸鷁皆列入〈涑
水學案〉中，成為司馬光（君實，1019–1086）的續傳。

㈠象山本身的家學淵源

由《象山全集》卷三十六的〈年譜〉中，得知其父陸賀「究心
典籍，見於躬行。」長兄九思嘗著《家問》，朱熹為跋曰：

> 家問所以訓飭其子孫者，不以不得科第為病，而深以不識禮
> 義為憂。其愍懃懇切，反覆曉譬，說盡事理，無一毫勉強緣
> 飾之意，而慈祥篤實之氣藹然❻。

九思對科舉之病的訓飭及其「愍懃懇切」、「慈祥篤實」的為人處世
態度，對以後重實理實學，強調本心真切發用的象山而言，實在是
不無影響。二兄九敘，擔負一家衣食百用，其治家之本要在寬厚誠
實。三兄九皋 (1125–1191) 治家條理精密，生活日用節儉，在學問
上重義理輕科第。曾在桐嶺講學，使此處學者變成厭場屋之陋而樂
義理之言，士大夫聞風而至，絡繹不絕。四兄九韶（梭山），學問淵
粹，隱居不仕，曾與學者講學於梭山，以孝悌、謙遜之道將家庭生
活調理得安寧、和睦。其教人曉諭之法，係直接就心意上說，象山
專就心上說的風範與九韶近似，可能受其影響。五兄九齡（復齋，
1132–1180）「文辭近古，有退之、子厚之風；道學造微，得子思、

---

❻ 《全集》，卷三六，頁四八五。

孟軻之旨。」、「場屋之文，大抵追時好，拘程度，不復求至當；惟先生之文，據經明理，未嘗屈其意。」、「先生於事，無大小，處之未嘗不盡其誠；於人，無眾寡，待之未嘗不盡其敬。」待人敬，處事誠，這種重公義的態度是陸氏一門的精神。」、「先生雖臥病，見賓客，必衣冠，舉動纖悉，皆有節法。」儀容整飾，端莊自持，似乎是陸氏一門的儀態了。「卒之日，晨興坐於床，與問疾者語，未嘗不以天下學術人才為念。」這是他一生的志業❻。

　　全祖望說：「三陸子之學，梭山啟之，復齋昌之，象山成之。」❻

　　象山自幼就生長在這麼一個讀書門第中，在兄弟六人中排行最幼，其道德學問和一生的志業與行誼，無疑地是從小在潛移默化中被孕育和塑造，其崇實務本的生命精神堪稱為陸氏一門的集大成了。

三、象山的著作

　　象山的著作係由其子陸持之編輯為《象山先生全集》。據象山學生楊簡所撰寫的〈象山先生全集序〉中所言，《全集》原有二十八卷，外集六卷，共三十四卷。但是據象山先生另一弟了袁燮所作的〈象山先生文集序〉所說，陸持之編輯的全集只有三十二卷❻。

　　觀現今所傳象山的全集，文集二十八卷，其中卷一至卷十七包

---

❻　凡引述復齋處，均見《象山全集》，卷二七。〈全州教授先生行狀〉，頁三一三～三一八。

❻　同❸，卷五七，〈梭山復齋學案〉，頁一一六。

❻　見《中國思想史資料導引》，馬崗著，臺北，牧童出版社。1977年，頁一四四。

含象山寫給別人的書信，語錄二卷；後加程文三卷，拾遺一卷，並
附錄行狀、諡議、年譜等二卷，共計為三十六卷。

第三章　象山心學的方法

一、象山心學的特質

　　錢穆先生曾說：「心學乃為儒學之骨幹所在」 ❶。對心學家而言，內在的靈覺之心及其所蘊含的實理，是人所以能據以與無限存有義的天相契合為一的通路。心學家所面對的最終課題不在承繼先哲的學問內容與治學方法，求成就一超越前人的哲學知識。而是以崇高的人生志向，對所敬仰的先聖先賢及所宗的生命智慧，不但細加瞭解，且更求身體力行，以實踐一己生命的內涵，臻於聖賢的人格理想。

　　因此，像倡言「六經註我」的象山，不但譏世俗的記誦之學，也無意於對已往之哲學做純理論的研究，甚至不贊許朱子的格物窮理之實踐工夫。象山的哲學方法，質言之，非屬純學者式的外在客觀研究法，而是側重主體內在的自覺自證與篤行。換言之，他的方法是一種能悟能行，能信能證，一切訴諸於自得其心的修身法。

　　由此，我們可說象山哲學的主旨，係以肯定人性價值及意義為出發點。其形上學係由其本身切己的德性實踐工夫中自悟出來的形上學，復將此主觀心性內省所悟得的本心本性之形上信念，秉持為其一生道德涵養的宗教性信仰。由前述，象山自謂其心學係遙契孟子而自得者。孟子的心學係由其性善論所衍生，隨之所開展出來的

---

❶　見〈孔子之心學〉一文，收入高明等著《孔子思想研究論集》，（臺北黎明文化事業出版社，民國七十二年版，頁一五六）

實踐步驟，則自然是透過呈現本心才能盡心知性而知天的直覺證悟法。

就心學家而言，基於他們內在的超越體悟，層層上溯地挖掘出心體與天道或天理奧秘的親切關係。在超乎言詮的逆覺體證下❷，心性與天相涵相攝，上下融通統貫為一。心性即天，天人一本，這是象山「吾心即宇宙，宇宙即吾心」的涵義。

天人一本的信念就其源泉，可追溯到與思孟學派密切關聯的一部典籍《中庸》。《中庸》一開頭就將天人關係一線牽，簡明直截而言「天命之謂性，率性之謂道，修道之謂教。」指點出天人之間既內在亦超越的存有涵義。復就人率性、修道的上達工夫，進一步演繹延伸出一套旁通統貫的天人合一論，所謂：

> 唯天下至誠為能盡其性，能盡其性，則能盡人之性，能盡人之性，則能盡物之性，能盡物之性，則可以贊天地之化育，可以贊天地之化育，則可以與天地參矣。（《中庸》二十二章）

此外，象山哲學中人與宇宙息息相通，其天人不相隔的形上體驗，意涵著道德生命實踐的目的在徹悟本心與宇宙間的融合無間。吾人從先秦儒家另一部典籍《易經》中似乎可發現到象山天人同質及據此開展出來「天人同德」的形上信念之來源。易書言：「成性存存，道義之門」❸，預設了心性是通往道德的先天基礎，及把握自身性命以培本固源的重要性。又「和順於道德而理於義，窮理盡性

---

❷　指人在生命諸般活動中就本心之發用事實，予以意識理會，返本逐源，以體證本心之實存於內在生命層級的深處。

❸　《易經‧繫辭上傳》第七章。

以至於命。」❹意謂著人的道德性理源生於天命。由人而言，人與
天有同質的地方，道德性的實現乃開顯人的形上本質亦揭示天部份
奧秘內涵的切實途徑。

二、象山心學方法的歷史脈絡

象山心學方法的背景，吾人亦可從北宋儒學試抽繹其可能的脈
絡。

周濂溪 (1017–1073) 謂：「士希賢，賢希聖，聖希天。」❺預設
了天人性命貫通為一的形上信念，其理想人格的終極理想，在透過
主靜無欲的工夫中，還原出真實的道德本性且貞定之，期能在贊天
地化育的作為中，以「中正仁義」的表現契合生生不已的天德。

邵康節 (1011–1077) 雖將其哲學論點奠基於數的先天結構上，
然而其「太極，道之極也」❻，「心為太極」❼不僅視太極與道無二
理，且將宇宙之理匯結於心，猶朱子門人陳淳 (1159–1223) 所釋：
「謂心為太極者，只是萬理總會于吾心。此心渾淪，是一個理
耳」❽。

張載（橫渠，1020–1077）認為陰與陽乃構成氣的二個特殊而
基礎的部份，氣的本體是太虛。他藉著《易經》來闡發其天人不二
的形上信念，他說：「性者，萬物之一源，非有我之得私也。」❾人

---

❹　《易經·說卦傳》第一章。

❺　周濂溪《通書·志學章》。

❻　《皇極經世書》，卷八下。

❼　同❻。

❽　見陳淳《北溪字義》太極條。

的性體承天命而涵具乾坤的性能。就形上學而言,亦是天地萬物之性。在「性命於德。窮理盡性,則性天德,命天理」❿的天人關係下,人的成聖工夫繫於「人能至誠,則性盡而神可窮矣。」⓫性是連繫天人,開展人生意義的根本依據和原理。

程明道 (1032–1085) 在肯定「天人無間斷」⓬的簡明原則下,倡言「仁者以天地萬物為一體,莫非己也。認得為己,何所不至」⓭因而對形上之天的認取當返求內心,他說:「只心便是天,盡之便知性,知性便知天,當處便認取,更不可外求。」(同上) 心、性、天縱貫為一的信念,在象山哲學中再次可見。

此外,前述與象山學脈有關的諸人諸語,例如前章所引謝良佐謂「仁者,天之理也,非杜撰也。」、「循理則與天為一,與天為一,我非我也,理也。理非理也,天也。」楊時謂「要以身體之,心驗之,……反之,皆口耳誦數之學耳!」張九成謂:「六經之書,焚燒無餘,而出於人心者常在。則經非紙上語,乃人心中理耳。」王蘋謂:「聖人之道,無本末,無精粗,徹上徹下,只是一理。」林光朝謂:「日用是根株,言語文字是注腳。」皆肯定心為涵實理的實心,乃貫通天人徹上徹下的關鍵。他們的哲學方法以主體性原則出發,在宇宙根性與人的道德本性息息相關之信念下,性命道德與修己成人貫通為一。對他們而言,本心本性是一至大至剛的生命靈覺動力,在盡心顯性的返本逐源之實踐工夫中,他們致力於證悟超乎言詮的

---

❾　見張載《正蒙・乾稱篇》。

❿　同❾,《正蒙・誠明篇》。

⓫　同❾。

⓬　《二程遺書》,卷一一。

⓭　《二程遺書》,卷二上。

內聖智慧，天人無間地，融貫統合宇宙與人生，回歸至大本大源的「一」之存有奧境。這些道德的形上信念與實踐方法似乎都與象山宇宙即吾心，心即理，涵泳本心以實現聖人人格的主要旨趣，前後呼應，構成一部具有主體性的形上基礎之實踐倫理學。明乎此，吾人當可探討象山哲學的方法和涵義。

三、象山心學方法所由生的時代要求

象山生處疲弱而多憂患的南宋，眼見對社會風氣具影響力的知識份子們，大多在科舉制度的利誘下，溺於名利的追逐。在讀書心態方面，也不深究求學的最終目的和價值方向，卻衡之以一外在工具價值，企圖藉此通過科舉考試，獵取功名利祿。這般人在為人處世方面，自然欠缺高尚的生命情操，重利輕義，失去了讀書人所應有的基本節操，他說：「取士之科久逾古制，馴至其弊，於今已劇。」❶象山在感慨科舉取士腐蝕讀書人志節之餘，極思超拔士人出於一般流俗之上。於是他首先教人應確立能把持生命一貫原則，邁向人生總方向的普遍精神原則，那就是他所說的頗具警策性之一名言：

> 若某則不識一個字，亦須還我堂堂地做個人。（《象山全集》，卷三十五，包揚顯道錄）

「堂堂地做個人」是一超越人之性別、時代、際遇、職業、階

_____
❶ 《象山全集》（以下簡稱《全集》），卷一九，頁二三三，〈貴溪重修縣學記〉。

級、宗教……等個別差異的絕對命題。對一切人而言,皆具應然的普遍要求性。若吾人進問此應然的普遍要求性如何可能?其基礎何在?則象山不假後天的經驗界外求,而直接回歸於吾人內在生命的根源處,此根源當為人人所同具的「共相」,此「共相」當遍在時不分古今,地不分海內外的無限個別人。換言之,此內在於無限個別人的「共相」係一可充當每個人所以成為人之存在的先驗形上存有。孔孟從人的生命活動中,具有德性特徵的「仁」來指認,象山則進一步以「心」來認取,他說:

> 仁,人心也。心之在人,是人之所以為人,而與禽獸草木異焉者也。(《全集》,卷三十二,〈學問求放心〉)

四、以本心含具「理」來闡釋儒家「仁」的內涵

「心」既成為象山區分人與其他存在者的分水嶺,那麼「仁」與「心」和「理」有何關聯呢?象山解釋說:

> 仁,即此心也,此理也。求則得之,得此理也。先知者,知此理也。先覺者,覺此理也。愛其親者,此理也。敬其兄者,此理也。見孺子將入井,而有怵惕惻隱之心者,此理也。可羞之事,則羞之,可惡之事,則惡之,此理也。是知其為是,非知其為非,此理也。……此吾之本心也。(《全集》,卷一,〈與曾宅之書〉)

在儒家，仁是人人內具的德性生命。象山則進一步認為「心」係德性主體在諸般際遇中自發地得到感通和反應的靈覺和活動狀態。此心之靈覺在感受不同的人情事物時，表現出各種不同的當然法則，例如：於事親表現「愛」；於事兄表現「敬」；見幼童掉入井中，剎那間流露出「怵惕惻隱」之情操。這些表現對象山而言，皆發露於共同的根源，故稱為「本心」。本心的發用儘管常因對象的不同關係及境遇而顯多樣化，然而分究其實，則皆係所本然蘊含的當然法則。象山針對此先驗的當然法則之普遍妥當性而統稱之為「理」。

象山言理較著重理的形式意義，而非實際的具體內容。因此，他無興趣於辨認和列舉「理」的個別內容，他曾說：「孟子就此四端上指示人，豈是人人只有此四端而已。」❶❺「四端」係指仁、義、禮、智四項具明顯特徵的大理，象山藉此引發吾人注意各項「理」所彰顯的方式和所從出的來源，那就是人生命的至精至極處──本心。本心若處寂然不動狀態，則諸理靜然蘊藏於心，吾人不得見識。本心若處接應事物的狀態，則在感通的活動中，開顯了理的諸般樣式。因此，剋就本心之發用而言，心發用處，即「理」之顯示和存在處。在人的一生中，心對事物的感通，有無限多的可能，心的發用機會亦意味著無限多。對象山而言，理究竟是蘊含於心，表現於心的，所謂：

> 四端者，即此心也。天之所以與我者，即此心也。人皆有是心，心皆具是理，心即理也。（《全集》，卷十一，〈與李宰二書〉）

---

❶❺ 《全集》，卷三〇。

「理」依心而在，隨心而顯。因此，吾人若想把握理，則當先於源頭處把握住心。

五、以大公無私性言心同、理同

象山哲學係以「心」為主，進言心即理，他說：「學者求理，當惟理之是從，理乃天下之公理，心乃天下之公心。」**⓰**此公理公心之「公」，意指「心」與「理」雖內具於每一個別的人，同時亦超越個別性而具形上的同一性，其與前後無限綿延的時間及上下四方無限擴延的空間共享宇宙的無限性和莊嚴性，象山說：

> 元來無窮，人與天地萬物，皆在無窮之中也。

又說：

> 宇宙便是吾心，吾心即是宇宙。東海有聖人出焉，此心同也，此理同也。西海有聖人出焉，此心同也，此理同也。南海、北海有聖人出焉，此心同也，此理同也。千百世之上，至千百世之下，有聖人出焉，此心此理，亦莫不同也。(《全集》〈象山年譜〉，十三歲條)

然而象山所謂的聖人心同理同，非指聖人從心上所彰顯的「理」完全同一，若合符節，而是指理的呈顯來自同一的根據。換言之，聖人對理的言說雖有異，卻是真有見於理。再者，其見證「理」所依

⓰ 《全集》，卷一五，頁一九三，〈與唐司法書〉。

據的心，皆為合乎公正的心，因此，心與理之「公」與「同」係指心之在合理處與理之所從出處及真實性皆同，非指理之內容特徵具同一性。象山說：「堯、舜、禹、湯、文、武、周公、孔子，此八聖人，合堂同席而居，其氣象豈能盡同。」 ❶ 聖人們在氣象上及說理的方式上雖容有不同，然而他們所本此心之大公無私性這一特徵上，卻是相同的。

再者，由於人道的廣大悉備，具多層級性。因而一般世俗之人，在人道精神的表現上，雖有多、寡、久、暫之殊，然而此小大、廣狹、淺深、高下之別是悟道境界上的程度之別。事實上，一般人憑本心以發用於事親、從兄、應事接物的動機、情操與念慮之本身，則與聖人同心同理同德。

因此，對象山而言，一切志在以成德為務的人，皆可回溯到內在生命中，於與千古聖賢同有的此心與此理上立根，亦即落實在凡、聖同能知與同能為的德性上用工夫，而相忘於才智、經驗與學問的大小，他說：

> 古今人物同處直是同，異處截是異。然論異處極多，同處卻約，孟子曰：道二，仁與不仁而已，同處甚約，指其同者而言，則不容強異。（《全集》，卷三十二）。

孟子所說的志於仁之實現的「道」，當指能衍生德性生命的人道。象山標榜的尊德性所以能向一切人開放，其基礎乃在此心同理同的緣故。這是每個人所能學，也是應該學的根本之學。象山說：「古人不恃才智，不矜功能，故能通體是道義。道義之在天下，在人心，豈

---

❶ 《全集》，卷三四，頁四二五，〈語錄〉。

能泯滅？」❶ 「仁義忠信，樂善不倦，此夫婦之愚不肖，可以與知行，聖賢之所以為聖賢，亦不過充此而已，學者之事，當以此為根本。」❶

六、確立尊德性的絕對優越性

就實際而言，象山非偏廢道問學。他的旨意是道問學必得在尊德性義下才能證成其對人道之進益，才能避免在知識進程中流失成德的目的性。

象山將吾人的關注點安置在徹悟聖賢之所以為聖賢處。學聖賢的重點不在置身於書本、知識和技能上努力，而該當將精神內歛凝聚至內在的本心來。由本心發用的種種情狀以自省自驗本心如何感通外物以及所以處人情、物理與事變之原由。他說：「自孟子言學問之道求放心，是發明……孟子既說了，下面是注腳便不得。」❷ 蓋「注腳」是解文字的學術工作，不是切己的體證工夫。體證工夫是要自身親切地自覺自悟此理之原在吾心。據此，得進一步以自求放心，這就是他所以說：「吾之學問與諸處異者，只在我全無杜撰……近有議吾者云：除了先立乎其大者一句，全無伎倆，吾聞之曰：誠然。」❸

象山在接引後學，啟發學生自悟自得的教育上，頗側重自覺體證法。例如：他曾以這種方法啟導其學生朱濟道說：「識得朱濟道，

❶ 《全集》，卷七，頁九九，〈與包顯道書〉。
❶ 《全集》，卷三五，〈語錄〉。
❷ 《全集》，卷三五。
❸ 《全集》，卷三四，頁三九九。

即識得文王。」❷ 「文王」是中國歷史上被公認的聖人，對聖人的真切瞭解，應該是要回到一己的內在生命中去探尋與聖人共同的人性資源。吾人在體證心同理同後，當以主體內在人人心同理同的本心本理上作主宰，才是吾人邁向修得聖賢人格的正路。

象山尊德性義下的道問學，其要在以本心之諸般實然感受來印證、發明書中的道理，復以書中所載道理來證悟和貞定本心所蘊含的實理。尊德性下的道問學方法當在務求本心與經典的相互解釋，彼此印證，且更當以本心所涵具的實理為絕對規準，以評估、論衡書中所言道理之是非，他說：「昔人之書，不可以不信，不可以必信，顧于理如何耳。蓋書可得而為偽也，理不可得而為偽也。……觀昔之書，而斷之以理，則真偽焉得逃哉？苟不明于理，而唯書之信，……其弊將不可勝者矣。」❸

在這段話裏，反映出象山哲學處處扣緊主體內在的本心，涵攝一切，解釋一切，主宰一切。無疑地，本心成為象山哲學的絕對存在，所謂：「宇宙便是吾心，吾心即是宇宙。」、「人心至靈，此理至明，人皆有是心，心皆具是理。」❹

七、象山「理」概念所指謂的範域

一般而言，程朱格物窮理的「理」係指實然存在事物的所以然之故。其「性即理」的性兼人物而言，「心」則取靈覺認知的能力和作用義。然而，心雖為一能知者，卻不等同於理。對朱子而言，

---

❷　同❶。

❸　《全集》，卷三二，〈策問〉「取二三策而已矣」，頁三七七。

❹　《全集》，卷二二，〈雜說〉，頁二六七。

「理」與「性」屬形上本體界，「心」則為氣之靈，雜形下界的成素，有別於理。至於象山所謂的理，既為吾人生命中所涵具的德性特徵，則較側重在人情事故之理。吾人可簡稱為人事之理。人事之理究其原始則為心所涵所發用，例如：人有孝慈之心，依順孝慈之心的發用，乃有孝慈之理；人有忠信之心，依順忠信之心的發用，乃有忠信之理。具體的孝慈、忠信事例，雖各有差異，重要的是這些分殊之事之所以具有孝慈、忠信的特質，主要是來自同一根源，那就是涵蘊著孝慈之理及忠信之理的本心。依前述，本心既然有無限的發用機會，則其所涵蘊的理之種別及數量，似乎是難以窮盡的。因此，象山總歸言於一理，他說：「塞宇宙一理耳！學者之所以學，欲明此理耳。此理之大，豈有限量。」㉕

　　曾有人詢問象山甚麼是本心，他指認本心的內容為：「惻隱，仁之端也；羞惡，義之端也。辭讓，禮之端也。是非，智之端也。此即是本心。」㉖這是象山一直不變的立場。對象山而言，德性原理是先驗內存於人的，而且人人皆心同理同，因此，吾人不能將他所言的心誤解成知認論上的認知心。蓋認知心是有愚智之差等的，這是象山亦承認者，他說：「人生天地間，氣有清濁，心有智愚」，同時，具智愚差別的認知能力對德性修養而言是有影響力的，所謂：「則宜賢者，心必智，氣必清；不肖者，心必愚，氣必濁。」㉗至於認知心之高下差別，乃非象山所注重，他所強調者係人所同然的德性心，透過它，人與人可跨越時空之阻隔而顯現普遍的感通性，所謂：「滿心而發，充塞宇宙，無非此理。」㉘吾人若能正視此心此

㉕　《全集》，卷一二，〈與趙詠道四書〉，頁一五六。

㉖　見〈象山年譜〉三十四歲條，頁四九四。

㉗　《全集》，卷六，〈與包詳道書〉，頁七九。

理，開放它，發用它，使它得到充分的流行和感通，則人與宇宙不覺間將融化內外的間隔，不分人我，物我，通體為一，他說：「宇宙不能限隔人，只人自限隔了宇宙。」❷❾

象山所用的「宇宙」一詞寓有極深遠開闊的意義。若我們從接續不斷的人文活動之歷史而言，孝慈、忠信之理透過不同的地域、時際在形形色色的個別人身上顯現，其樣式雖不盡相同，然而就其同發用於每個人之本心而言，卻具有等同的意義。表現孝慈、忠信之理的無數個人，其所處的時空條件雖有限，然而若將他們串連起來，則在理論上，孝慈忠信之理透過無數顯發它的事例，形成一綿延不斷地與時俱存，處處顯現的無限存有和活動。同時，此心此理也分享了無窮無限的宇宙意義，復由一切人情事理皆自本心顯發這點而言，象山簡潔有力地說：「宇宙內事，乃己分內事，己分內事，乃宇宙內事。」

錢穆先生曾極有見地的解釋說：「象山所謂宇宙，乃至宇宙內事，實指人文大群之歷史文化界而言，不指山川草木之自然界而言。象山之所謂心即理，乃是人生哲學上的論題，並非宇宙論方面的論題。」❸❷ 錢先生將心即理落實於人生哲學的課題，且把象山所用「宇宙」一詞的語意外延定位於表現人文生命活動的場所——文化界，這對象山哲學的研究而言，頗具釐清和啟發之功。

❷❽　《全集》，卷三四，嚴松松年錄，頁四二三。
❷❾　同❷❽，傅季魯編。
❸❷　見錢穆先生著，《中國學術思想史論叢》第五冊（臺北東大圖書公司六十七年七月初版），頁二六三。

八、論　評

　　心學是儒家哲學的出發點也是歸宗處。孟子雖以真切的道德感證言性善而成為心學的開闢者，然而象山能以深沉躍然的心思，涵攝宋儒的共命慧。終於積漸成悟，上契孟子的心學而自得之，創造性地以本心實存性的自覺自悟建立形上學的根源性信念，顯發了以主體內證聖智之方式來把握本體實在的形上學方法特色。再以心體所具有的形上意義落實到切己的道德實踐，步步徹悟天人之間圓融無礙的存有奧義，其對中國儒家哲學的貢獻可說是帶領到新的里程，終接引出明儒以成就其大。

　　象山對當時蔽於科舉及蔽於堅信知識是成就道德的必要途徑之知識份子所做的批判，是極為中肯而公允的。他善用禪宗的開悟方法，點活心之靈覺，教人從實存的德性心之對外感通發用之際，當下自覺自悟德性心所具含的先驗實理，這種教育方法，頗具啟發性和實效性。象山的導引法不但活潑生動，同時，悟者在經過實存性的本體證悟後，較能衍生永恆感及價值感。對德性生命的本源，亦較能以求善的意志力細心覺察與護持，如此則將能確保發用德性生命的主動動力和莊嚴的使命意識。道德主體唯有在源源不斷地湧現德性生命之主動動力下，道德人格的養成和持續性及發展性才有成就的可能。

　　審視象山自覺自悟自證自得的主體體驗方法，頗具生命的反省性和自發性。其所演繹推展出來的心性及道德學問，則可歸本還原於主體心靈深處的確實性及自明性。因此，象山主體體悟式的哲學方法，吾人可稱為切己觀省之法，所悟的真理則可稱為自得之真，

所成就的學問可稱為自得之學。

　　象山自悟自得的哲學方法，在肯定德性人格的絕對前提下，自然步上以肯定人性之德性價值及意義為出發點。他在確認心的至上意義下，隱然默認了心是貫通人與宇宙的橋樑。在天人同根的形上信念下，依從本心的脈絡，滿心而發，天理隨處朗現，人皆有同理心。在「吾心即宇宙，宇宙即吾心」的信念下，象山將時間的無限綿延性及空間的無窮擴張性，皆形著通化於心靈範圍中。象山自悟式的哲學方法，就深層的哲學發展意義上說，天人同根預設了宇宙本體與人性根源深處，潛伏著上下同流交會的共理，此形上共理不但為自然法則，亦具人文世界的道德法則意義。象山哲學信念與成聖方法的最大特色，係將宇宙本體論與心性道德論摻和為一，人與宇宙無間隔無對立，密合無罅，共存共融，可謂為精彩卓絕的天人之學。

　　象山哲學撇開枝節，直接人心，在心為本心，理為實理的確認下，先立乎其大，且斬斷支蔓，教人以易簡工夫作自覺的道德修養，看法高明，作法直截。然而從教育的學習歷程而言，蒙昧的初學者在初學階段常需性智和語言，細密的解析，亦步亦趨的仿效才有初步的績效。換言之，師父領徒弟進入第一道大門常要以漸悟漸進的方式。因此，象山一開始就要人從本心處頓悟，在方法上有令人空闊疏略之苦，實難以捉摸和用力。

　　其次，先驗性的本心究竟是人性結構內涵中深沉的底處。人除了高層次的德性心外，還有自然情欲生命的氣性，此低層次的氣性如何生成？有何實際內容和機能？有何特徵？對人的生命有甚麼關係和影響？與德性本心有何互動的纏綿關係……等問題，象山並未正視而予以哲學上的處理。因此，象山的人性論只看到人性的價值

處、德性根源處，未能對人性中其他可能的層面予以客觀的平實的探討，頗有掛一漏萬的不完備之憾。

再者，自悟自得的哲學方法雖活潑而真切，然而易流於狂傲的自信。在排斥議理的言詮下，不能以概念的精確分析，推論的嚴謹有序來牽引一般人步步跨越理障及氣稟私欲的糾纏而跳躍至本心的體證。因此，一般人在體道的艱難和幾經曲折頓挫下，難免有自暴自棄的退卻結果。

最後，人性中富有價值的內涵是多樣性的，除了求善的德性心外，尚有追求美感經驗的愛美情操；追求經驗知識或純理論探討的智性活動；以終極關懷帶出來的與鬼神溝通的原始宗教意識……等，若把本心絕對價值化，則偏執於德性範疇，實有礙人生多向度的豐富發展，歷史文化的成就將有侷限而有顧此失彼之嫌。因此，象山哲學的格局似嫌窄小，難以在文化發展上廣大悉備以曲成萬物。

第四章　象山的存有論

存有論❶係以探討存有物之所以為存有物的超越根據，亦即一切存有物之根本原理為對象。簡言之，存有論研究萬事萬物之最元始而共通者，其範域不但涉及存有之本質或普遍特徵，亦可進而推及存有與萬化之諸般關係。

儒家哲學的存有論可略分為二種型態：一為中庸，易傳從存有的客觀面來探討遍存於天地萬物的終極實在，復以此超越的終極形上實在來規定人性的內涵。例如《中庸》首章謂：「天命之謂性」代表儒家哲學中從天命、天道下貫為性這一傳統。重視道的客觀性原則之北宋諸儒及南宋的朱子較能承繼這一脈絡。另一種型態則為孔孟從自身靈覺感通的仁心處，體認肯定出根源性的主觀性原則，復上契性與天道。例如孔子所謂：「下學上達」，陸象山、王陽明❷較能相應於這一絡。

象山的存有論亦有言天道之客觀性處，那是針對與朱子論辯「無極」、「太極」問題而發，他真正的進路則非以一客觀形上實體來建立一存有論，而係以主體內在自覺所證悟的本心為形上實體，擬拓展出主觀性原則的存有論。本章兼陸象山片面的客觀存有論及其核心所在的心學之存有論。

---

❶ "ontology" 亦名本體論。有鑒於一般人常以本體與現象為相對念的概念，對研究通貫於二者的普遍原理之存有論而言易生誤解，所以在此取「存有論」一名。

❷ 參閱牟宗三先生所著《中國哲學的特質》，頁四九～五〇。

一、太極為萬事萬物的終極之理

「太極」一詞，最早出自《易經》〈繫辭傳〉❸和《莊子》的〈大宗師〉❹。「極」字的本義，按《說文解字詁林》，解為棟，居屋之正中；解為高之極至；解為窮盡；解為終❺。漢儒馬融 (79–166)、鄭玄 (127–200) 等釋《尚書》〈洪範篇〉九疇之第五疇「皇極」為「大中」❻。後人受此影響而援以釋《易經》的太極，例如：北宋司馬光 (1019–1086) 於《溫公易說》，卷五❼釋太極曰：「易有太極，極者中也，至也，一也。凡物之未分，混而為一者，皆為太極。」象山承繼此一思想脈絡以詮釋「太極」，他說：

五居九疇之中，而曰：皇極，豈非以其中而命之乎？民受天地之中以生，而詩曰：立我烝民，莫匪爾極。豈非以其中命之乎？中庸曰：中也者，天下之大本也；和也者，天下之達道也！致中和，天地位焉，萬物育焉。此理至矣！外此，豈復有太極哉！……太極皇極乃是實字，所指之實豈容有二？充塞宇宙，無非此理，豈容以字義拘之乎？中即至理，何嘗

---

❸ 《易經》〈繫辭上傳〉第十一章：「是故易有太極，是生兩儀，兩儀生四象，四象生八卦。」
❹ 《莊子》〈大宗師〉：「夫道……在太極之上而不為高，在太極之下而不為深，先天地生而不為久。」
❺ 見《說文解字詁林》，第五冊，頁二四九五一。
❻ 《十三經注釋》，第一冊，卷一二，臺灣藝文印書館版。
❼ 《易說》今存《四庫全書》本者，乃自《永樂大典》中輯出，《經苑》亦有刊本，今臺北廣文書局，六十三年九月初版《溫公易說》。

不兼至義？大學文言皆言知至。所謂至者，即此理也。……
則曰極、曰中、曰至，其實一也。❽

「皇極」在《尚書》中代表中國上古神秘宗教，本體論和價值
論的根源處❾。對象山而言，「太極」及「皇極」既同指「中」亦即
「至理」，則太極為萬物的終極根基，對萬物而言係兼具創生性及理
則性的實存之理，不僅是宇宙的生成起源，也是調節萬物、賦予和
諧並育的有機性和整體性之形上理序所在，係統合陰陽變易之永恆
不朽的絕對原理，象山解釋說：

夫太極者，實有是理，聖人從而發明之耳，非以空言立論，
使後人簸弄於頰舌紙筆之間也。其為萬化根本，固自素定，
其足不足，能不能，豈以人言不言之故耶？❿

對象山而言，做為萬物至理的「太極」是一超越的客觀自在之
形上實體，不隨從人的意識而改變其實在性。人所能做的只是發現
它彰顯它而已。換言之，太極不是人在認識活動中所杜撰者，太極
自本自根，充分自足，實存於天地萬物間，係任何存有物最具原始
性及潛在性的創生活力，所謂「其為萬化根本、固自素定」。太極既
為「萬化之根」，則萬物在太極恆久不已的發用中，永呈動態的變易

---

❽ 《全集》，卷二，〈與朱元晦書〉，頁二九。
❾ 有關《尚書》皇極「大中」的思想源流及其哲學涵義，可參考方東美先生
著《原始儒家道家哲學》，第二章〈原始儒家思想──尚書部分〉及《中
國哲學之精神及其發展》上冊，第二章。
❿ 《全集》，卷二，〈與朱元晦一書〉，頁二三～二四。

相。在變易的歷程中過去和現在為太極所既已決定，未來則為太極所待決定，而有種種變化不測的發展可能。由太極對萬物無限發用的功能來看太極的內容，則在層出不窮，無始無端的造化中，令人瞭悟到太極為一內容無盡，作用無窮的無限實在，亦即一超越的形上實體。

象山也以近乎宇宙發生論的立場，嘗試著解說太極如何創化萬殊，他說：

> 太極判而為陰陽，陰陽播而為五行，天一生水，地亦成之，地二生火，天七成之。天三生木，地八成之。地四生金，天九成之。天五生土，地十成之。五奇，天數，陽也。五偶，地數，陰也。陰陽奇偶，相與配合，有五行生成備矣。故太極判而為陰陽，陰陽即太極也。陰陽播而為五行，五行即陰陽也。塞宇宙之間，何而非五行？❶

自太極而陰陽而五行係一分化的孳衍歷程。「太極」在其間顯然為一創的發動中樞，藉陰陽無止境的交替反復之變化過程，由無形、無定的潛在，演化為具體而確定的種種現實。「五行」，在這一創化歷程中由陰陽分化而成，雖亦導源於太極，但是處於較陰陽更為分化的地位。金、木、水、火、土之間為元素的質性差異，係形成個別的具體存在物所需之材素。五行是實在中較為明顯的存有型態。然非事物的樣型，應視為已由陰陽分化，不屬於任何特定的殊相，但是在相互的有機關係中交錯雜揉，演化成種種成形的殊化現象。就太極、陰陽、五行的縱貫關係而言，五行是陰陽過程的展現，

❶ 《全集》，卷二三，講義——大水，頁二七八。

陰陽過程本身則為太極的體現。所謂「五行即陰陽也」、「陰陽即太極也」，太極、陰陽、五行從根源處而言實為一體。

　　至於由這絕對之理的太極如何判而為陰陽，則象山未加以解釋。然而他對「陰陽播而為五行」則吸收了邵雍 (1011–1077) 和《易經》的數論。在《易經》卦為象，蓍為數，兩者雖在古代皆曾為卜筮之用，後來的學者乃視象和數為代表宇宙變化的符號。《易經·繫辭上傳》第九章謂：「天一，地二；天三、地四；天五、地六；天七、地八；天九、地十。天數五、地數五，五位相得而各有合。天數二十有五，地數三十。凡天地之數五十有五，此所以成變化而行鬼神也。」所謂天地之數；天地代表宇宙的兩大成素，天地可用兩種數字代表兩個基本成素；一、三、五、七、九等五個奇數代表天。天之數為生數，象山所謂：「五奇，天數，陽也。」二、四、六、八、十等五個偶數代表地，地之數為成數，象山所謂：「五偶、地數、陰也。」天數與地數的相配合則表徵了《易經》所謂「天地感而萬物化生」⓬象山的天地奇偶之數與金、木、水、火、土五行的配對法，係依邵雍的河圖來配合文王八卦方位圖。

　　此外，象山亦仿效邵雍，嚐試以數來解釋太陰太陽⓭他說：

　　二與三，少陰少陽之裏也；一與四，老陰老陽之表也。五數既見，二得五為七，三得五為八，故七為少陽，八為少陰。一得五為六，四得五為九，故六為老陰，九為老陽，故七與

⓬　見《易經·咸卦象傳》。

⓭　邵雍於〈觀物內〉篇之十一說：「太陽之體數十，太陰之體數十二；少陽之體數十，少陰之體數十二」、「太陽少陽太剛少剛之用數一百一十二，太陰少陰太柔少柔之用數一百五十二。」

八合，其數十五，六與九合，其數亦十五，少陰少陽，老陰老陽，是謂四象。❶❹

象山以老陰老陽，少陰少陽釋「四象」，以少陰少陽及老陰老陽之數值，分別相加皆得十五，顯然受邵雍所配置之伏羲八卦次序圖，以及由黑白點子所排成之河圖的影響。

象山對遍存於現象界中所呈現的物物兩兩對待，以及其交互往來的無窮變化且相互隸屬統合為一，深究其所以然，而訴諸於一陰一陽之道。他進而解釋太極所以分化為陰陽的形上原理以應對於經驗事實，所謂：

有一物，必有上下，有左右，有前後，有首尾，有背向，有內外，有表裏，故有一必有二……。故太極不得不判為兩儀。❶❺易之為道，一陰一陽而已。先後、始終、動靜、晦明、上下、進退、往來、闔闢、盈虛、消長、尊卑、貴賤、表裏、隱顯、向背、順逆、存亡、得喪、出入、行藏，何適而非一陰一陽哉？奇偶相尋，變化無窮。一陰一陽之謂道，形而上者謂之道兩句，以見粗識文義者，亦如一陰一陽，即是形而上者。❶❻易之為書也不可遠，其為道也，屢遷。變動不居，周流六虛，上下無常，剛柔相易，不可為典要，唯變所適。吾嘗言天下有不易之理，是理有不窮之變，誠謂其理，則變之不窮者，皆理之不易者也❶❼。

---

❶❹　《全集》，卷二一，易數，頁二五二。

❶❺　《全集》，卷二一，「三五以變錯綜其數」，頁二五五。

❶❻　《全集》，卷二，頁三〇，〈與朱元晦二書〉。

吾人由空間的相對性所觀察到的事物靜存樣相，常呈現出「左右」、「前後」、「背向」、「首尾」……等並存的對待關係。由時間的相對性所知覺到的事物變化之樣相常顯示為「先後」、「始終」、「動靜」、「進退」……等接續的前後關係。因此，現象界中的事物在時間和空間所交織成的統合場中，往來不已於對待的兩端。象山推究其實乃歸因於《易經》中形而上的陰陽之理，亦即一陰一陽迭相運轉之道。所謂「奇偶相尋，變化無窮」，蓋形上的陰陽之理充塞於萬物之內。萬物的質性及萬物間在互動感應中所蟄伏的種種事緣之潛力，皆因陰陽的存在與作用之故。陰陽儘管代表著實在的兩個層面，兩種所能發展的極端，實際上，陰陽之間是相互依存的關係。雖時而互相排斥，然推究其實，彼此是互相吸引，相需相成，在既相互制約，亦相互為用的奇妙關係中，以彼此相補足、充實，相互交融、攝受為目的，對待抵觸、矛盾、衝突，只是走向協調和諧的催化力、手段或過程，而非目的所在。陰陽之可相融相契地統合，實因兩者在其所從出之太極的共同基礎上具有一體性。

因此，一陰一陽之道可謂為一動態地交互成就彼此的歷程，是宇宙恆處於綿延不斷的進展之實相。換言之，一陰一陽之道係資以解釋一切發展與創造變化的原因，其本身具無窮實現的潛相和動能。從本體的層面而言，一陰一陽之道在充周流行的無盡發用中為一變化無窮的流程，所謂「是理有無窮之變」。因此，從陰陽所孳衍出來的兩兩對待之物相，非靜態的物相，在太極生生化化的流程中，原始地串連成一對應和諧的統合體。因此，在萬物流轉不停的現象界中，如能透悟陰陽互變之內涵中所統攝的事物之條理，那麼吾人將發現「誠得其理，則變之不窮者，皆理之不易者也。」

❼　《全集》，卷二一，「易數」（為張權叔書），頁三五二。

二、攝天、道、理、性於心的一本論

　　嚴格而論，象山對宇宙萬物化生的過程並未認真思辨。他的意趣在深層的體驗中悟出本心，並非儘是營知覺認知的經驗之心，而是一形上真我的超驗主體。在他一生所貫注的返觀自照中，由內心深處所激發出來的無限真誠實感裏，體悟到本心所開引出來的四端萬善，直是明徹的天理自身，他說：「心一心也，理一理也。至當歸一，精義無二。此心此理，實不容有二。故夫子曰：吾道一以貫之。孟子曰：夫道一而已矣。」❶❽象山在其實感體驗中，深切自覺自悟本心的絕對實有義。自信本心不僅為吾人之超驗主體，而且一切所發用出來的理皆依此超驗之心而有。他在此天人契機一悟下，內心湧現出生命元氣的無限充沛感。浩然感人地說：「宇宙便是吾心，吾心即是宇宙」❶❾如是，在感遇本心的無限存有義與無比的價值義之際，徹底解決了天人之隔，物我之分，人己之別，肯定了人在萬物中的超越地位與潛在的無限價值等同於天。在天人無限的真實感中，天、道、理、心、性……一脈貫通為具絕對義，永恆義及無限義的一本，一切皆在本心的靈覺感通中所攝盡。因此，本心原是超越時空的，至靈至明的，圓滿無缺的，一切本體盡在本心無言的感通中渾化為一，象山說：

> 天之所以為天者是道也，故曰唯天為大。天降衷於人，人受中以生，是道固在人矣❷⓪

---

❶❽　《全集》，卷一，〈與曾宅之書〉，頁四。

❶❾　《全集》，卷三六，頁四八九。

> 道塞宇宙，非有所隱遁。在天日陰陽，在地日柔剛，在人日仁義。故仁義者，人之本心也**㉑**。

> 塞宇宙一理耳！上古聖人，先覺此理。……後世聖人，雖累千百載，其所知所覺，不容有異。日若合符節，日其揆一也。非真知此理者，不能為此言也**㉒**。

> 人生天地之間，稟陰陽之和，抱五行之秀。其為貴，孰得而加焉。……天地之性人為貴。吾甚感夫聖人所以曉人者至，而人之聽之者藐也。孟子言知天，必曰：知其性，則知天矣。言事天，必曰：養其性，所以事天也。中庸言贊天地之化育，而必本之能盡其性。……誠以吾一性之外無餘理，能盡其性者。雖欲自異於天地，有不可得也**㉓**。

「道塞宇宙」的道泛指天地生生化化萬物所依循的客觀性原則。所謂「在天日陰陽，在地日柔剛」亦兼指人心向外感通時所秉持的處事規範。象山特稱道的這一層義蘊為「理」。「道」統括天地存在和運行的客觀性自然法則，以及顯現於本心的先驗道德法則。道與「塞宇宙一理耳」的「理」在終極根源上是一本的，道與理同具涵於心，可是在象山的形上信念裏，三者有同源同根的等同關係，皆是完全自足，圓滿無缺者，不因在後天上因人的好惡取捨而增損。我們可以說兼具天、地、人共同法則的道係一統攝性的形上語辭，

㉒ 《全集》，卷一三，〈與馮傳之〉，頁一七五。

㉑ 《全集》，卷一，〈與趙監書〉，頁九。

㉒ 《全集》，卷一五，〈與吳斗南書〉，頁一九八。

㉓ 《全集》，卷三〇，程文，「天地之性人為貴」，頁三四四～三四五。

它是廣大的、無限的，含具統一性和一貫性的總原理。換言之，道是宇宙萬物中至高無上的實有。

　　道所涵具的天地萬物之根源義，事實上為宋儒共享的形上信念。道除了顯現為人心的四端萬善，統攝於仁義外，由自然界，天地萬物的存在和運行觀之，實隱含了生生的理序。蓋道對萬物的生成變化而言，顯得如此有理則性或計劃性和實現生生的目的性。這種自然界的理則性和目的性係道的展現。因此，道同時展現了道德法則和自然法則，孔孟所言常指向道德之理，《易經》所言則側重萬物之理。問題是這二種法則或道德之理與非道德之理如何區分？二者間是否有對應的有機關係？又如何互動感應呢？實然的自然與應然的必然又如何劃分清楚？如何轉換或相攝？這些問題未見象山明確的處理和闡釋。從某一角度而言，象山雖表面上言及統攝自然與人事的道，實質上他只虛說而非實說。從他整個言談的意趣和歸向而言，實趨于「道」之湧現於本心上的先驗之道德原理。至於對道本身所蘊含的其他層面，則缺乏認真討論的興趣。因此其存有論雖精彩感人，事實上並非完備。我們只能說他的重要性在於生動而深入地發展了道德的形上學。

　　在象山道德的形上學中以貫通天、道、理、性於一心的證立來建立超越的主體性。本心是顯豁、挺立道德的主體性之最高實有，絕對實有的「理」乃依此內在於主體性的超越心而有。天地之性所以人為貴，不只是「稟陰陽之和，抱五行之秀」，精確而言，係因「天降衷於人，人受中以生，是道固在人」。宇宙中超越的，永恆的，具無限價值的「道」、「理」內在於本心為人之至理、聖人所以尊貴在於能返觀內省地盡心知性，進而參天地之化育與天地契合超越的生生之德──宇宙與人生的真幾。

　　因此，在天人通貫的一本論中，由天地賦予於人本心的四端萬善之理，是有根的實存之理。它係天對人性內涵所做之超越的形上規定。如此，象山所重之理非由外面格物窮索而來的經驗知識之理，而是吾人本心於日用常行的人倫道德中，所感通透悟出來的自覺之理，亦即有根的永恆的「天理」。

　　象山心學的存有論特點，在能扣緊人超越的道德主體性，不但安立了德性生命的價值根據，而且進一步能以本心為充份而必要的條件。人在盡心盡性的向外感通發用時，全幅投入宇宙生命大流中，妙契道體實理而落實於深邃莫測的心體，展現豐瞻富厚的性命內涵及人生無窮生機與希望的新境界。對論孟以來主客同源、內外如一，天人同心的天人合一境界。能以人超越的主體生命緊密地把捉住真血脈和真骨髓所在，在天人一本、命脈息息相通的卓識中，將道德實踐的無盡歷程，落實在天人融合無間的無限勝境中，成就有根有向的人生。這是象山對儒家的心性哲學，功不可沒的一大貢獻。

　　無可諱言的，在象山心學的存有論中，以「極」訓「中」，將人心推舉到宇宙至中的地位，以心所涵具之道理為宇宙人生的至理。然而在天人一本的說法中，心究竟為道德創化之本而非宇宙造化之本。再者，心之靈，理之明為一有意識覺悟作用的精神體，至於「天」是否同心體一般有自覺反省的意識活動呢？若沒有的話又如何言天人一本呢？再者，純粹精神體的道如何造化有形質性的器物世界呢？又道、理通萬物為一本，則亦當內在於人之外的萬物，然而萬物是否有心的主要特徵——意識活動呢？若有，則萬物的意識活動內涵和方式是甚麼呢？若無則何以萬物無心無理，卻又能言萬物一理且同本呢？最後，象山雖自謂遙契孟子的心學。事實上，我們將兩者的心學做一對比，則不難發現孟子並未明顯地肯定天地萬

物皆可統括收攝為一至大無外的心或精神。從象山心學的存有論來看，象山實有出於孟子處。

第五章　象山的心性論

　　毫無疑問的，心性論是象山哲學立基的出發點，也是終極的歸向。

　　象山透過主體內省活動所返觀自照的心性實有，不僅證成其內涵是人性永恆價值的根基，亦是吾人全幅生命的最後安立處。本章試將象山之前孔孟以來，儒家對心性問題的探討所做過的努力和貢獻做一扼要式的背景說明，以便於瞭解象山在這一問題上所承繼的脈絡，及該問題在象山哲學的意義及重要性。進而分別以理的存有義，心的作用特徵，心與理的關係三層面所合照出來的象山哲學中「心即理」之絕對命題。

一、儒家對心性問題的開展及其對象山哲學的重要性

　　對儒家而言，成聖成賢是儒者一生所託付和努力實踐的終極人生理想。因此，對每個作為人的生命個體而言，實現完滿道德，是人生一貫的目標。人格的內在人性依據，以及透過何種途徑來尋求自我實踐，成為歷來大儒所關注的核心問題。對前者的探討構成了儒家的心性論，對後者的體驗則構成了儒家的教養觀。孔孟對心性問題有其形上智慧的洞見，並且對後世留下深遠的影響。唐君毅先生說：

　　　　孔子之教，於人文二字中，重「人」過於重其所表現於外之禮樂之儀「文」，而吾人先自覺人之所以成為人之內心之德，使人自身先堪為禮樂之儀文所依之質地。這才是孔子一生講

學之精神所在❶。

孔子對夏、商、周三代文化的承傳做過歷史性的及哲學性的深入反省。一方面肯定郁郁乎文哉的周代禮樂文化，另方面認為由於貴族生命的墮落，以致規範貴族生活的禮樂儀文失去了人與它相應的內在精神。因此，孔子為振衰起弊，提昇人格生命的境界而直指內在於人性深處的價值生命──仁。另方面，則對照時代的演進和需求以斟酌損益周文，期使周代的禮樂文化因為人性的覺醒而得到實踐的根源性動力，並藉此來發揮承傳文化的神聖作用。孔子的貢獻誠如牟宗三先生所言：「開闢價值之源，挺立道德主體」❷。

孟子的心性論係就人之所以為人處立說，以德性義的仁識心，點出了人所以超越禽獸的尊嚴與尊貴處。綜觀孟子的人性論實為孔子仁說所涵蓋。孔子是就分殊之德的源出處言「仁」，孟子則就德性生命源頭所發用出來的分殊之德，舉其大者概括地言「仁」的內容為「仁、義、禮、智」。因此，孟子的性善論，係就四端之性透過四端之心，向外感通時所不自覺的流露之契機，當下予以自覺反省，肯認良知、良能的先驗存有這一事實。換言之，亦即就靈心之善言性善，他據此，更進一步確信人道即天道的延續和展現，倡言：

> 盡其心者，知其性也；知其性，則知天矣。存其心，養其性，所以事天也。殀壽不貳，修身以俟之，所以立命也❸。

❶ 唐君毅，《中國人文精神之發展》，頁三三～三五。

❷ 牟宗三，《中國哲學十九講》，臺灣學生書局，七十二年，十月初版，頁六二。

❸ 《孟子・盡心篇上》，首章。

　　「盡」指動態的擴充意，亦即毫無保留的全幅展現。盡心知性知天乃是要在德性主體自覺自發的實踐活動中進行。其所展露者為人先天性之德性生命。然而就人實然的存在性而言，就不全然是先驗的仁心善性。亦即不能直言即心即性即天。心、性、天通貫為一。因此「存其心，養其性，所以事天也。」由於實然生命中所涵的德性生命，為人終其生而不變的價值理想，故言「殀壽不貳，修身以俟之，所以立命也。」「立命」指人將稟賦於天的性份內涵全受而全歸，亦即其所謂的「正命」❹。儒家人性論進展到孟子所肯定的性善論，人性論的建設才算是真正奠基，唐君毅先生說：

> 中國儒家之人文思想發展至孟子，而後孔子所言之人文價值，對人內心之德性，乃有一先天的純內在的人性基礎。而「人之心性世界」之存在，亦可謂首由孟子自覺的加以樹立❺。

　　儒家除了孔、孟，主位在人的心性論之外，亦開出易經、中庸主位在天的人性論。《中庸》首章即明言：「天命之謂性」，將人性與天道的關係透過天命而緊密地銜接起來。易傳肯定「天地之大德曰生」❻進而在生生的宇宙觀下言天人一本，天人接續，所謂：「一陰一陽之謂道，繼之者，善也；成之者，性也。」❼「窮理盡性以致於命」❽易庸在天人性命相貫通的存有論下，天命的永恆性與受命

---

❹　《孟子‧盡心篇上》，第二章。
❺　同❶，頁二六。
❻　《易經》〈繫辭傳下〉，第一章。
❼　同上，上傳第五章。
❽　《易經‧說卦傳》第一章。

之個體契合為一。換言之，每個不同的個別生命之間，因著共享同一的終極形上根源，而具有同一性，而可普遍地感通不已。《中庸》發揮了以真實不妄的「誠」徹上下，通內外，合天人，融物我。所謂：「唯天下至誠，為能經綸天下之大經，立天下之大本，知天地之化育，夫焉有所倚？肫肫其仁，淵淵其淵，浩浩其天。苟不固聰明聖知達天德者，其孰能知之？」❾ 至於《易經》，則《四庫全書》總目提要說：「易之為書，推天道以明人事者也。」❿

漢儒深受陰陽五行、讖緯、災異……等影響，而將先秦儒學心性論之基源問題，及心性論所涉及的價值問題、德性修養問題及社會、政治實踐問題皆化歸於神秘的天人感應之宇宙論問題。復加以經生對典籍的研究多偏枯在訓詁、考據方面，較缺乏哲學性的研究。因此，影響所及，魏晉以後，道家、道教與佛家、佛教乘時而起，在安頓飽受變亂的苦難生命上頗具見地和吸引力，造成時代思想的主流。

中唐以後，試圖復興儒學而提出呼籲且有著述者，可以韓愈(768-824)、李翱 (?-?) 為代表人物。韓愈認為佛老因儒學之衰而興，〈原道〉之作即為儒學的仁義道德之學辯正，說理雖淺、然亦反映了韓氏對佛教「捨離精神」的反對及儒家學統的表彰。其〈原性〉篇則論性情問題。雖未契應孟子心性論的精神，然而推崇孟子為入聖之門，選取小戴禮記，大學篇之「明明德」、「正心」、「誠意」的重要觀念做了一些發揮。李翱的〈復性書〉為其學說綱要所在，李氏推崇學庸、易傳，可謂首位以《中庸》為基本而提出儒學理論的學者，他雖然不像他的老師韓愈般地排斥佛學，但是卻強調性命之

❾　《中庸》第三十二章。
❿　《四庫全書》〈總目提要〉，第一冊，卷一，經部一，易類一。

道，非佛道所獨有，儒書早已有探討。他在〈復性書〉上，首論性情為「人之所以為聖人者，性也；人之所以惑其性者，情也。喜、怒、哀、懼、愛、惡、欲七者皆為情之所為也。情既昏，性斯匿矣，非性之過也。七者循環而交來，故性不能充也。」⓫性雖著性，但是情應以性為主，他認為人應該盡性才能使性有所發用而為主。盡性為人文價值所在。李氏辯明儒學中自有「性命之道」，且以易、庸闡釋孔孟，可謂與宋儒前後呼應。可惜他對《中庸》的盡性、道家的任性與佛教無所執的空性之根本差別義未深入區分。因此，勞思光謂「此即以『道德之性』為人獨具之『本性』，上承孟子之意。惜與其他理論不甚通貫耳。」⓬

　　宋儒雖多出入佛老，然而終究能明辨儒、釋、道之異趣，融通釋、道而宗主儒家。藉釋、道之刺激，潛深主體道德心性意識，肯認心法、天道為共法。只是宋儒之間個人生命氣質，為學入徑及曲折迂迴之不同而對心性體認的真切度，言詮之完整性而有所區別。象山前的宋儒心性說，本書第二章已言及，不復贅述。

　　至於心性問題對象山而言可謂意義非凡，在象山的哲學中，人間最真切的學問，應是關涉到人存在的超驗本質處，這是實現人之生命意義與價值的根基。對象山而言，他對人生的終極關懷處，就在於對人性層層地往深處挖掘，直溯源到人不可或缺的超驗本質，從而據以探索如何在天地間做第一等人。他警策醒人地說：

　　若某則不識一個字，亦須還我堂堂地做個人⓭。

⓫　　《李文公集》，卷二，〈復性書上〉。

⓬　　見勞思光《中國哲學史》，卷三，香港，友聯出版社，1980 年版，頁三五。

又說：

> 大凡為學，須有所立。……須思量天之所以與我者是什麼？
> 為復是要做人否？理會得這簡明白，然後方可謂之學問。故
> 孟子云：「學問之道無他，求其放心而已矣。」 ❹

　　究明人之所以立，是象山思想的脈穴。對這一問題探討的指標
則置於「天之所以與我者」亦即具超驗性質的本心。那麼象山所謂
的本心，究竟指的是什麼呢？有何特別的意義呢？在〈象山年譜〉
三十四歲條，我們尋出下列的解釋：

> 問：「如何是本心」？
> 先生曰：「惻隱，仁之端也。羞惡，義之端也。辭讓，禮之端
> 也。是非，智之端也。此即是本心。」……凡數問，先生終
> 不易其說。

　　惻隱、羞惡、辭讓、是非皆係孟子就人內在心靈顯發在生命活
動的原初事實，指證心的道德作用特徵，賦予「善」的價值意義。
此四者為象山所承受，藉以指點本心的內涵，當然這四種具道德性
質的人性心理不是本心的全部內容，孟子和象山僅就其流露於外之
大端緒處所把握到的來立教。事實上，象山所舉的這些內容，亦不
完全是因讀孟子書而習得。筆者堅信這也是象山透過其自身生命活
動的深刻自覺，跨越時空而與孟子心心相印，鏈鏈相扣的證驗後，

❸　　《全集》，卷三五，包揚顯道錄，頁四四九。
❹　　《全集》，卷三五語錄，李伯敏錄，頁四四〇～四四一。

因自得而為之見證和立教，這或許是他「終不易其說」的根據所在。同時，這種由反求諸己而獲得「自得」之學，親身體證了「本心」實存於主體生命中，我們由此也可瞭解到何以象山稱其所說為實學了。

二、「心即理」的涵義

藉著以上的瞭解，我們可以進一步探討他心學的主要命題「心即理」的內涵意義。

㈎具宇宙普遍存有義的理

「理」在象山哲學中具有做為整個存有界形上根基的意義。換言之，從存有的客觀面而言，「理」為萬事萬物所共具的普遍性原理，亦即形而上的共理。此一共理為普天地萬物的超越根據，不分天地，人物，皆具同一性或普遍性，象山說：「塞宇宙一理耳，學者之所以學，欲明此理耳，此理之大豈有限量。程明道所謂有憾於天地，則大於天地者矣。謂此理也，三極（天、地、人）皆同此理。……乾坤同一理也。……堯舜同一理也。」 ⑮ 、「塞宇宙一理耳」 ⑯ 。

充塞宇宙，遍在萬物之內的此一理，從存有論而言，係客觀實有於整個存有界的，具超越的諸般形上特徵，非人所能深加或杜撰者。此「理」和張載 (1020–1077)、程頤 (1033–1107) 及朱熹 (1130–1200) 所謂的「理一分殊」之「理一」具同等的意義，皆為存有論

---

⑮　《全集》，集十二，〈與趙詠道書㈣〉，頁一五六。

⑯　《全集》，卷一五，〈與吳斗南書〉，頁一九八。

光照下的客觀實有之理。象山有時特以「道」來指稱這種意義的理，他說：「此道充塞宇宙」❶。「道」或「理」對象山而言，有時是異名同實的，象山說：「道塞宇宙，非有所隱遁，在天曰陰陽，在地曰柔剛，在人曰仁義。」❶、「道者天下萬世之公理，而斯人之所共由者也。」❶象山與張載、程頤和朱熹之不同處，是他極側重「理」的普遍義，而不言「分殊」義。

㈡心的作用特徵

象山所說的心，由其作用特徵而言，係回歸到心體自身的原始活動，記述人在生命經驗中所自發的四端，當下認取以覺醒人的道德意識。換言之，象山是就主體實存之心所萌芽的道德現象，點醒人性內在的價值自覺，證立諸德源生流衍之處。此一靈覺感通周遭事物的心，即道德性的本心。再以該人性深處所實有的價值自覺，作為對一切行為下價值判斷的根據，勞思光教授說：

> 陸氏之「心」本身是價值標準之根源，本身是一「普遍者」，故其立場乃肯定主體實有之心性論❷。

所謂價值當是一種性質，象山所賦予心之性質，顯然的是具道德本質的性質。若問心之價值的依據，則象山以「心」與生俱有的，

---

❶　《全書》，卷一〇，〈與黃康年書〉，頁一二八。

❶　《全集》，卷一，〈與趙監書〉，頁九。

❶　《全集》，卷二一，〈論語說〉，頁二五七。

❷　勞思光《中國哲學史》，第三卷上，頁四一一，香港友聯出版社，1980年。

且超驗意義的價值意識來肯定其形上的資源,所謂「心即理」、「天秩、天敘、天命、天討皆是實理」❷、「滿心而發,充塞宇宙,無非此理」❷。「心」與「理」在象山哲學中一體流通,俱在主體生命中,既存有亦活動。因而,此心此理的本身就是渾然一體的真實生命,不容客觀化為一可分解的靜態認知對象,成為一冷冰冰的,不能一體俱現的一套成素,《全集》卷三十四載:

> 伯敏云:如何是盡心?性、才、心、情如何分別?
> 先生云:如吾友此言,又是枝葉;雖然,此非吾友之過,蓋舉世之弊。今之學者讀書,只是解字,更不求血脈。且如情、性、心、才,都只是一般物事,言偶不同耳。

象山所以不願以分別解析的方式來辨認心、性、才、情之差異,是因為象山的旨趣不在成為人——這一生命體的旁觀者,或離開生命主體性的客觀研究者。其所謂「解字」就是指不注入自我的生命活動,而與自我生命整體暫時分離,權充個旁人而把「自我」做為一組研究的素材、對象,做概念思考或論證推理,期能建構出一套有關「人」的生硬的系統知識或理論。對象山而言,人是一活生生的存有者,這是一活潑感人的事實,每個人都是一整全的生命者,所謂「血脈」就是要人就每一個人都是——有莊嚴的生命體,這一事實予以自覺和重視。從而,要人返回到自家內在的生命中,將這一生命主體的內在奧秘,透過深刻的自覺省悟開顯出來。所謂「性、才、心、情」皆是緣於此一主體生命的活動展現,對主體生命做不

❷ 《全集》,卷三四,傅季魯編錄,頁三九九。
❷ 同❷,門人嚴松松年錄,頁四二三。

同作用層面的表述罷了。因此，象山不願像朱熹般地做平面分解的認知，這也是他何以也反對朱子式的把心分開成道心和人心的說法，象山說：

> 天理人欲之言，亦自不是至論。若天是理，人是欲，則是天人不同矣。書云：「人心惟危；道心惟微。」解者多指人心為人欲，道心為天理。此說非是，心一也，人安有二心。（《全集》卷三十四）

象山既把人視為一完整的生命體，發用為諸般生命活動的機能份成，彼此血脈相連，互相流通，融合成一不可分割的整體，吾人自難予以分解拆開，因此亦無加以人為的區分之必要。雖然，吾人難以分隔肢解人性中的諸般可能成份，然而就整個生命體活動的主腦——靈覺感應的本心而言，卻是象山所肯定的。本心即天理，此心此理潛存在性命之中，對人而言，為寂然不動地實有，感而遂通地活動的生命主體。吾人若能善加存養、擴充，則此心此理深具無限感通，無限發用的動力能量，象山說：「宇宙不曾限隔人，人自限隔宇宙。」❷❸、「滿心而發，充塞宇宙，無非此理。」❷❹「當寬裕溫柔，自寬裕溫柔；當發強剛毅，自發強剛毅。所謂溥博淵泉而時出之。」❷❺

由「滿心而發」、「當發強剛毅自發強剛毅」而言，象山「心即

---

❷❸　《全集》，卷三四，傅季魯編錄，頁三九九。

❷❹　同❷❸，門人嚴松松年錄，頁四二三。

❷❺　《全集》，卷三四，傅季魯編錄，象山此語出自《中庸》三十一章，頁三九四。

理」的心有形上的生生意涵，心為理所從出之本根，心對外感通因對象的差異處境的不同，而有特定的意向法則和方式，亦即前面所說的殊別之理，統合而言就是「理」。由於理隨心之發用而顯，理為道德範疇的德性原理，因此，我們可以說心之開顯理、具有道德的創生性作用，所謂道德的創生性作用，指做為人德性本心的仁心發用時，由道德意志沛然莫之可禦地自定自發出道德法則。並且由內而外地發動出道行為，自願自許的投向於某一道德價值的實現。換言之，仁心在自動自發中創生了淵然有定的道德秩序，和依循此秩序的意向性活動。

事實上，象山的「心即理」的「即」在等同義下已蘊涵心創生和實現出道德原理。蓋仁心的發用是在具體的某情境下所發出的，針對某對象而回覆以相應的定向和法則形式。仁心既在定向下活動，則活動的方式自有所可依循的規範可言，以有所對應的特別規範就是仁、義、禮、智……等分殊之德的殊別之理。我們可以更明確的說，仁心創生道德原理的「創生」義乃指仁心在向外物對應感通的發用時之自我開顯或自我實現。換言之，仁心之開顯乃是仁心在開展自身內涵的活動中現實化，亦即由潛能通化成現實，或由潛存狀態衍出為存在性、現實性。

象山的心性論不僅是主體實有的心性論，且是直指道德本質，亦即超自然層級之價值的心性論。蓋「心即理」不僅是實然的肯定，亦係就人性諸般層面中，直取天人性命貫通中具無限義、終極形上義之天理、本心，予以價值上的肯定，而謂之善，他說：「蓋人受天地之中以生，其本心無有不善。」❷⑥

---

❷⑥ 《全集》，卷一一，〈與王順伯第二書〉，象山此語源於《左傳》成公十三年「民受天地之中以生。」，頁一四七。

㈃心與理的關係

宇宙中萬有根於一理而生，人為隸屬於整個存有界的一份子，自不例外。人生命的可貴處在於具心思靈覺，能在層層的自覺反省中，體悟到「理」實有於吾心，乃人之存在的超驗根據，即前面嘗引述的「天之所以與我者」。天與我此理此心，天不但與我此理此心，且賦予我心特別的靈覺，使我心能憑藉著發用此靈覺而內證天理實存在於心中。象山不僅借孟子惻隱、是非、辭讓、羞惡等四端緒來指證本心的內涵，同時也以此四者來指證本心的內涵，並且以此四者來彰顯天理呈現在吾心中的真實內容，他說：

> 仁，即此心也，此理也。求則得之，得此理也。先知者，知此理也。先覺者，覺此理也。愛其親者，此理也。敬其兄者，此理也。見儒子將入井，而有怵惕惻隱之心者，此理也。可羞之事，則羞之，可惡之事，則惡之，此理也。是知其為是，非知其為非，此理也。宜辭而辭，宜遜而遜者，此理也。敬，此理也。義，亦此理也。內，此理也。外，亦此理也。……此吾之本心也[27]。

「理」是心發用為諸般道德活動的所以然，亦即超越的形上依據。從理而言，有此理則心才有此種性而萌發出理所預定的活動方向和特質。從心而言，心的基本特色就是一內在的意識活動，心雖是涵具精神作用、理智核心、良知的本質、情感的源泉、斡旋情欲作用的統合體[28]然而究明其存在和活動的根據，當為具普遍性、一

---

[27]　《全集》，卷一，〈與曾宅之書〉，頁四～五。

致性的規律或規範，也就是所謂「理」。由前段所引述的象山語意觀之，象山的「理」是指稱本心所涵具的一切潛在德性的統攝語辭。

從「理」存有的形上特徵而言，既具有超乎時間的恆存性、不變性、一致性和超乎空間的普遍性，因此與「理」密不可分的本心也享有這些超越的形上特徵，這就是象山所說的「東海有聖人出焉，此心同也，此理同也。西海有聖人出焉，此心同也，此理同也。……千百世之上，至千百世之下，有聖人出焉，此心此理，亦莫不同也。」以及他在鵝湖會上「斯人千古不磨心」的吟詩。千古聖賢之間雖各有各的時代境遇，個人在命運、生活背景、經驗上以及個人才情性向上的千差萬別，其所言之事及說理的方式各有不同，不可能如出一轍，然而就其溯本還原處察考，可說是此心此理，萬世一揆。

象山既認定在具有殊別性的個體與個體之間，隱含了在深層處同一的心理，因此他進一步地指出「心即理」這一心學的真血脈，他說：

　　人皆有是心，心皆具是理，心即理也❷❾。

心即理的「心」指能依循內在已然的法則而發用的形上實體。心即理的「理」兼含二義，就其寂然不動而言，則為渾然統體之理，亦即理之獨立自在的存有狀況。就理因心對外感而遂通的回應於某種境遇對象時所顯現的種種特定形相而言，則為殊別之理。例如象

❷❽　方東美著，馮滬祥譯《中國人的人生觀》臺北幼獅文化事業公司，頁六六。

❷❾　《全集》，卷一一，〈與李宰書〉㈡，頁一四四。

山所言愛親、敬兄、羞惡、是是、非非……等皆為一理所開顯出來
的殊別相，二者為一體的翕闢關係。

　　至於心與理的關係乃是二名一實，一體的兩面，心是理的發源
處，理是心的內涵，心在某情境中感通外物特定意向和回應方式的
本身就稱為理。心與理係互相涵蘊的關係，一而二，二而一。對象
山而言，心與理既是同一關係亦是互為充足及必要條件的等值關係。
同時，渾然同體之理與殊別之理只是就認識的方便所做的權宜之分，
而非一存有論的區別。就存有論而言，理之開顯其自身亦同時是理
之在其自身「即寂即感，寂感一如」，分殊之理在己而言其活動的意
向歸宗於其本源──統體之理，分殊之理對統體之理而言，則是統
體之理之自我開顯，就德性實踐而言，心與理密合無間，心與理為
心與其內容因同質而有一體無二的必然性。「心即理」可理解成
「心」就其本體而言，理為其內涵，就在其自身，象山所謂：「蓋心
一心也，理一理也。至當歸一，精義無二。此心此理實不容有
二。」 ❸⓪

---

❸⓪　《全集》，卷一，〈與曾宅之書〉，頁四。

第六章 象山的知識論

象山在知識方面的言論，可綜合成兩類。其一為對當時知識份子所持的知識態度，從是否能成全生命價值的尺度上予以描述、分析和評價。其二為探尋有效攝取、消化知識的方法。茲由這二層面予以探討。

一、象山對當時知識界心態之評析

當時的知識份子對知識所持的態度，依象山的觀察可分為二類型。一種是把讀書視為在科舉考試中求勝，以滿足個人名位利祿的工具，視讀書為一種達到世俗目的的手段罷了。然而沉溺於名利的追求反而迷失了知識對生命的價值性，亦喪失了對知識自身價值的尊重。另一種則為朱熹型的知識份子，雖保有讀書人應有的志節，可是在格物窮理的路向上，易歧出原預定成就聖賢人格的路線，而陷溺於未必能關連到德性生命之修行的學術工作中而不自知。在象山眼中，這二種類型的人，前者猶可曉以大義，喚醒自覺，後者則自身信念堅定，論辯能力強固，不易動搖其所執，而使之感召得大覺大悟。因此，象山感嘆地說：

> 此道與溺於利欲之人言猶易，與溺於意見之人言卻難❶。

在此，我們進一步的來看看象山是如何來議論這二類型人所持的錯誤知識態度。象山對視讀書為追逐名利之工具者，批評說：

---

❶ 《全集》，卷三四，傅季魯編錄，頁三九六。

後世弊於科舉，所鄉日陋，疾其驅於利欲之塗，吾身吾心之事，漫不復講，曠安宅而弗居，舍正路而弗由，……蓋往往波蕩於流俗，而不知其所歸❷。

「安宅」、「正路」皆係引用孟子之言。「安宅」指人人與生俱有的本心或良知良能，「正路」指吾人依本心發用於日用事為所當究明的是非、曲直、公利、利義之辨。從人生的終極關懷與價值而言，「安宅」為人所當居，「正路」為人所當由，皆係切己的「吾身吾心之事」。象山認為科舉的流弊在於與利祿結合，利欲卻掩蓋了讀書人成學與成德的應有動機。在盲目追求世俗夢寐以求的名利下，讀書人迷失了自家的本心「波蕩於流俗，而不知其所歸。」這是科舉戕害士人身心的根本弊端。在考試導向所影響的讀書方法下，讀書不求真正的領悟。只求文義，強聞死記，以利考試，所謂：「以口耳剿竊場屋之餘習，妄論聖經。」 ❸因此，彼時的讀書人雖讀《詩》、《書》、《論》、《孟》……等聖賢書，究其實卻營「為人之學」非「為己之學」，換言之，是假聖賢書為工具以取勝於科舉之文。因此，象山在應朱熹之請，於淳熙八年辛丑四十三歲時，於南康登朱子所主持的白鹿洞書院講席，講《論語·里仁篇》第十六章「君子喻於義，小人喻於利」時說：

科舉取士久矣，名儒鉅公皆由此出，今為士者固不能免此。然場屋之得失，顧其技與有司好惡如何耳，非所以為君子小

---

❷　《全集》，卷二〇，〈送毛元善序〉，頁二三七。
❸　《全集》，卷七，〈與詹子南書〉，頁九四。

人之辨也。而今也以此相尚，使汨沒於此而不能自拔，則終日從事者雖曰聖賢之書，而要其志之所鄉，則有與聖賢相背而馳者矣。推而上之，則又惟官資崇卑祿廩厚薄是計，豈能悉心力於國事民隱，以無負於所任之使者哉❹？

象山針砭時弊，語意懇切真摯。聽者據載有因感動而流淚的。甚至連朱子也為之動容。乃請象山筆之於書，後又刻於石，且作跋說：「至其所以發明敷暢，則又懇到明白，而皆有以切中學者隱痼之疾，蓋聽者莫不動心焉。」

至於象山對「溺於意見之人」的弊害，他解釋說：

道之不明，天下雖有美材厚德，而不能以自成自達。困於聞見之支離，窮年卒歲，而無所至止；若其氣質之不美，志念之不正，而假竊傅會，蠹食蛆長於經傳文字之間者，何可勝道❺！

所謂「支離」非泛指吾人在知識的寬度上博學多聞，而在知識的深度上未能專精。「支離」一詞乃指謂知識學問的累積與德性生命的成長之間，缺乏必然性和一致性的關連。蓋知識的攝取係一種理智的認知活動，若不能啟發感動我們的人生態度，著乎心，行乎日用常行之間，則知識只是客觀靜態存有的知識，未必能化為生命踐履的行為。因此，這樣的「知」只具備「真」的特性，未必能實現德性之「善」或「美」的價值。孔子說：「知及之，仁不能守之，雖

❹　《全集》，卷二三，雜著，〈白鹿書院論語講義〉，頁二七一。

❺　《全集》，卷一，〈與侄孫濬書〉，頁一三。

得之，必失之。」❻換言之，我們縱使在人倫道德方面吸收了不少知識，若不能在生命中起覺悟作用，化為我們的生命內在動力，則道德學的知識雖然可以說得頭頭是道，超常出眾，卻終究是空議論、閒知識。至此，我們當可瞭解象山何以責人「粘牙嚼舌」、「杜撰立說」、「起爐作灶」、「無風起浪，平地起土堆。」的意思所在。因為這些都是不能激發生命意志力，起動道德實踐的虛說浮見，所謂：「學絕道喪，不遇先覺，迷其端緒，操末為本，其所從事者，非古人之學也。」❼

　　至於如何幫助這一類型的知識份子能有所自覺而操務本要，象山在鵝湖與朱子論學時❽，提出易操持的簡易工夫，他在和其兄復齋的詩中說：

　　　　墟墓興哀宗廟欽，
　　　　斯人千古不磨心。
　　　　涓流積至滄溟水，
　　　　拳石崇成泰華岑。
　　　　易簡工夫終久大，
　　　　支離事業竟浮沈；
　　　　欲知自下昇高處，
　　　　真偽先須辨只今❾。

---

❻　《論語》〈衛靈公篇〉，第三十二章。

❼　《全集》，卷一九，〈武陵縣學記〉，頁二三四。

❽　鵝湖會係朱熹與陸象山的共同朋友呂東萊（祖謙）欲調和朱陸之異而安排於乾道六年庚寅 (1170) 六月江西信州府鉛山縣之鵝湖寺的聚會，可說是理學與心學二大潮流的交匯，影響頗大。

　　這首詩的首句係根據《禮記・檀弓下篇》記述魯人周豐的話：「墟墓之間，未施哀於民而民哀，社稷宗廟之中，未施敬於民而民敬。」象山認為人見墟墓不禁興發悲哀的情感，見宗廟則油然而生莊嚴肅穆的欽敬之意，這是源自人內心深處的共同反應，乃人之常情。其超驗的人性深層依據，具有跨越時間及地域的永恆性和普遍性，象山指認此一真常心為人千古所不磨滅的本心。程明道 (1032-1085) 在象山之前也曾講過類同此意思的話，他說：「先聖後聖，若合符節。非傳聖人之道，傳聖人之心也。非傳聖人之心，傳己之心也。己之心，無異聖人之心。廣大無垠，萬善皆備。欲傳聖人之道，擴充此心焉耳。」❿可與象山意旨相互發明。象山能舉人在日常生活中所表現的一般常情當下指認本心，頗具警策之效。

　　第二句則出自《中庸》第二十六章：「今夫山，一拳石之多，及其廣大，草木生之，禽獸居之，寶藏興焉。今夫水，一勺之多，及其不測，蛟龍魚鱉生焉，貨財殖焉。」浩瀚的滄溟大水，積累自源泉涓涓的細流，「泰華岑」指今之泰山華嶽，亦係由無數的一拳之土石所堆砌而成。《中庸》此言由文脈而言，是承上句「天地之道，可一言而盡也。其為物不貳，則其生物不測。」之意蘊，象山取其類比義，隱喻人的德性本源——本心是生發道德行為的無限量動源和動能所在，若能時時操持，脈脈流通，事事發用，終可成就可久可大的聖賢人格。

　　由第二句衍生了朱陸成德工夫的相互比較，所謂：「易簡工夫終久大，支離事業竟浮沉。」「易簡」一詞係取用《易經・繫辭上傳》

---

❾　見《全集》，卷二五，〈鵝湖和教授兄韻〉，頁三〇〇。

❿　見《宋元學案》上，卷一三，〈明道學案〉，頁二十三，民國六十四年，臺北河洛圖書出版社。

第一章「乾知大始，坤作成物。乾以易知，坤以簡能。易則易知，簡則易從。」蓋乾坤易簡在《易經》哲學裏係萬物資始和資生的無限量生元，賡續不絕，生生不息地推動宇宙萬物的大化流行。吾人若能啟發承天地之心而存在的德性心，使其源源不絕地發用無限，當能創發可久可大的德性生命之流。若一心專注於知識學問的鑽研，不自覺之間則易沉浸在學術工作中，未必能自覺於相應德性本心而起道德踐履。

象山順此而牽引出末句「欲知自下升高處，真偽先須辨只今。」所謂「辨只今」就是要人在警策自覺的意識活動中，把握機宜，辨明當下呈顯湧現的德性本心，以存養、擴充，步步實現。

綜觀象山對上述二種知識份子心態之評析，可得見象山一心要樹立的，是豁醒人的德性心，使之充塞流行於人的生命中，成為生生不息的德性生命之無限根源。準此，象山所謂「辨志」、「辨義利」、「先立其大」、「尊德性」……等皆指點吾人對知識所抱持的真切態度，是覺醒吾人生命深處的德性本心，能有所知有所識，從而挺立於天地之間，向整個存有開放，不斷發用，不斷感通，不斷自我實現，這種增益、精進吾人生命之內涵及存在價值的學問，象山特名之為實學，以別於彼時世俗具備偏差性的知識形態，象山說：

> 千虛不博一實。吾平生學問無他，只是一實❶。

又說：

> 今之學者只用心於枝葉，不求實處。孟子云：盡其心者知其

---

❶ 《全集》，卷三四，傅季魯編錄，頁三九七。

性，知其性則知天矣。心只是一個心。……心之體甚大。若
能盡我之心，便與天同。為學只是理會此❶❷。

　　據〈象山年譜〉載，象山有弟子傅子淵原只知科舉進身之事，
讀書只不過是借書中的說法來應付考試罷了。其時，另一弟子陳正
己自象山處回家，傅氏問陳氏象山教人什麼？陳氏說，象山從頭至
尾整個月來所諄諄誨人者，只是「辨志」這件事。傅氏聽了之後，
當時並未深刻領略，等到有一天讀到《孟子》〈公孫丑章〉時，內心
頓然開悟，然而仍未知如何下手，因此求教象山。返家後，陳氏問
傅氏象山教人的首要事情是什麼？傅氏說是「辨志」，具體而言，就
是「義利之辨」❸。依我們來看，象山所謂「辨志」就是要人把學
問和人格連繫起來，高尚讀書人的志節，把讀書的目的，淨化成提
昇及實現人生真實的意義和價值上，他說：

　　凡欲為學，當先識義利公私之辨。今所學果為何事？人生天
　　地間，為人自當盡人道。學者所以為學，學為人而已❹。

　　如何面對人生的終極開懷，確立一生的抱負理想，所謂「盡人
道」、「學為人而已」，是象山一生氣力所用之處，是象山哲學的真血
脈、真骨髓，這是他心學的出發點，也是最後的歸宿點。

---

❶❷　《全集》，卷三五，李伯敏敏求所錄，頁四四七。
❸　《全集》，卷三六，〈年譜〉，三十四歲條，頁四九六。
❹　《全集》，卷三五，詹子南錄，頁四七五。

二、象山提示求真知實解的方法

所謂真知實解，是指讀書時要充分發揮吾人心思辨析、瞭悟、判斷及推理等功能，能理會實處，融會貫通，真見精髓，象山說：

> 某皆是逐事逐物，考究練磨，積日累月，以至如今。不是自會，亦不是別有一竅子，亦不是等閒理會，一理會便會，但是理會與他人別。某從來勤理會，長兄每四更一點起時，只見某在看書，或檢書，或默坐。常說與子姪以為勤，他人莫及。今人卻言某懶，不曾去理會，好笑**⓯**。

所說的「默坐」，就是沉思默想，把書中所言往深處去反省，落實到自家身心及現實生活中去印證、批判、辨證，期能徹底瞭悟。學貴理會不重記誦，成為象山求知的特色，然而，應該如何去讀書才能臻此鵠的呢？我們通觀《象山全集》，似可整理歸納出下面幾項原則性的方法。

㈠懷疑的理性態度

懷疑是激發理性研究、探討問題真相的動力來源之一。「懷疑」意謂著理性不盲目的接受未經批判，辨正過的知識。象山從小就養成了善於質疑，不與人苟同的嚴謹態度，聽人誦有子之言，即疑其支離。若遇到疑問而未獲滿意的解答，則鍥而不捨地思索考究，例如，四歲時忽然疑問天地有無際限，深思至忘寢食，其兄梭山嘗云：

⓯ 同**⓮**，包揚顯道錄，夏四六七。

「子靜弟高明，自幼已不同，遇事逐物，皆有省發。」❶蓋治學問須論是非、辨真偽，在論辯之際發展了吾人理性批判的能力和求信實的精神。因此，懷疑不是破壞而是建設，懷疑不是為維護個人主觀成見而不信任他人，懷疑是一種手段，期能藉此而通過理性的考驗而步步逼進客觀的真理。由此得知，吾人若要在求知時發揮懷疑的正面效用，則應該先培養理性的批判能力、辯證能力，以及客觀求實的胸襟度量。對象山而言，審慎的懷疑態度是一心向真，不輕信亦不輕疑，他說：

> 昔人之用書，不可以不信，亦不可以必信，顧於理如何耳。蓋書可得而偽為也，理不可得而偽為也。使書之所言者理耶，吾固可以理揆之；……苟不明於理，而惟書之信，幸而取其真者也；如其偽而取之，則其弊將有不可勝者矣❶！

又說：

> 其可同尊而信之者，固不可概以書不可盡信，而不之信也；然亦不可以人之所信，而苟信之，而弗思也❶。

㈡識別輕重，選讀與精讀並俱

人有限的時間及精力極為寶貴，面對浩瀚無際的學海，雖勠力

---

❶　《全集》，卷三六，〈年譜〉，八歲條，頁四八七。
❶　《全集》，卷三二，〈拾遺〉。取二、三策而已矣，頁三七七。
❶　《全集》，卷二四，〈策問〉，頁二九〇。

求學,亦無盡讀各書之可能性。因此,象山教人先確立讀書的目標,針對目標,識別群書的輕重關係,宜精讀處,則沉潛涵養,宜略讀處則選讀重要者理會。

選讀的方式不落入形式,不限於一書、一篇論文或書中某一章節,端視內容是否精要,縱使是其中一章節,亦可就其淺近易曉或精彩重要處研讀。例如,象山說:

> 〈告子〉一篇,自「牛山之木嘗美矣」以下,可常讀之。其浸灌培植之益,當日深日固也。其卷首與告子論性處,卻不必深考,恐其力量未到,則反惑亂精神,後日不患不通解也。此最是讀書良法。……《尚書》〈皋陶〉、〈益稷〉、〈大禹謨〉、〈太甲〉、〈說命〉、〈旅獒〉、〈洪範〉、〈無逸〉等篇,可常讀之,其餘少緩❶。

這是象山就選讀的方法上舉例。案其所選《尚書》八篇中〈皋陶〉、〈益稷〉、〈洪範〉、〈無逸〉四篇為伏生所傳的今文《尚書》,較屬可信。其餘四篇,屬王肅偽作,梅頤所獻偽古文《尚書》中的四篇,已經由清儒閻若璩、姚際恆、段玉裁、王鳴盛、丁晏等人考證為偽書。可見象山不太注重訓詁考據的學術工作,而以是否具備義理來揆度典籍。《孟子‧告子篇》,「牛山之木嘗美矣」一章,妙喻本心有被戕害的危險,具修養立教的啟發價值,象山似乎特別喜好這一章,在全集中曾數次引用。觀象山所選的這些題材,取向於修身治心之事,這似乎與其崇尚心學的務實態度有關。

至於做為精讀的部份,象山舉例說:

---

❶ 《全集》,卷七,〈與邵中孚書〉,頁九一。

> 如《中庸》、《大學》、《論語》諸書，不可不時讀之，以聽其
> 發揚告教。戕賊陷溺之餘，此心之存者，時時發見。若火之
> 始燃，泉之始達。苟充養之功不繼，而乍明乍滅、乍流乍窒，
> 則淵淵其淵，浩浩其天者，何時而可復耶 ❷ ？

　　《大學》《中庸》《論語》三書，句句精要，時時讀它可發揚告
教，警策吾人對本心的存在要常保自覺，以免被蒙蔽、移奪、陷溺
而有所戕害。得見象山處處貫徹心學的立場，視為精讀之書莫不扣
緊心學的骨髓處。

㈥把握全書的要旨，由易而難，循序漸進

　　讀書切忌以偏概全，流於主觀成見，堪值吾人注意的是，讀書
時斷章取義有獨斷的危險，缺乏客觀真實性，自然陷於以偏概全的
主觀成見。象山說：

> 讀書須是章分句斷，方可尋其意旨。……須明其句，大約知
> 此段本言何事，方可理會。觀今人之用其語者，皆斷章取
> 義 ❷ 。

　　宋儒多尚義理，對章句句讀雖常有所評議，然而就中國古代典
冊的體裁形式而言，註釋及章句句讀之工夫不可省，這是忠實於原
典，契合全書要旨的負責態度。象山雖主心學、崇尚義理，卻勸人

---

❷　《全集》，卷五，〈與戴少望書〉，頁六一。
❷　《全集》，卷六，〈與傅聖謨書〉，頁七八。

不僅要注意章句，且須看注疏，以免固執己見。此外，在看注疏時須先精讀古註，因為古註較接近作者的時代，所言較能接近作者的原意，同時由於傳注日益繁多，吾人不可能全採盡信。因此，象山教人以合理與否來選擇注疏中的是非曲直❷。

讀書不但要透過全書的整體文脈來把握全書要旨，同時在方法上還要注意由易而難，循序漸進。象山說：

> 學者讀書，先於易曉處，沉涵熟復，切己致思，則他難曉者，渙然冰釋矣。若先看難曉處，終不能達❷。

由學習心理學而言，學習應配合學習者的知識、經驗背景、個別性向、興趣、能力，由淺入深，由已知至未知，由具體而抽象是最合理的誘導方法。看書在原則上要選擇容易瞭解的讀，就同一本書，同一篇文章而言，亦當持著這個原則，就易曉處理會。由這個基本原則，可衍生象山所主張的另一方法——循序漸進，他說：

> 為學有本末先後，其進有序，不容躐等❷。

蓋讀書當視為一長遠成長之事，不可貪功，用力過猛將會戕害身心。也不可好勝強人，流於狂妄浮誇而疏於檢點。不知循序漸進，貪多求勝者，其蔽害在揠苗助長。欲速則不達，銳進者，不易有持久的耐力，遇挫折時其退也速。

---

❷ 此類論點，可參見《全集》卷三四及三五語錄，卷二〇〈贈二趙〉。
❷ 《全集》，卷三四，〈語錄〉，頁四〇六。
❷ 《全集》，卷七，〈與詹子南書〉，頁九四。

第七章　象山的教養論

　　教養論係象山心學所涵之實現德性價值的工夫論,其內容似可分為教育論和修養論(修行工夫論)二部份來探討。

一、教育論

　　一般人都知道象山在宋明儒學中的拓展,建樹了影響久遠的心學根基,卻不太注意象山熱心教育、誨人不倦的教育貢獻。吾人由《全集》,卷三十六,〈年譜〉得知,象山於三十四歲那年「在行都,諸賢從游,先生朝夕應酬問答,學者踵至,至不得寢者,餘四十日,所以自俸甚薄,而精神益強,聽其言者,興起甚眾。」同年七月,返家於槐堂講學,這是他一生興發教學的開始。四十歲登貴溪應天山講學。

　　由〈年譜〉五十歲條,得觀象山教育事業的高峰,象山於該年將應天山改名為象山,學徒各處來此結廬,課堂上經常為數十人至一百多人。象山雖於盛暑,也必衣冠整肅,從容講學,歌詠愉愉;每天清早,精舍鳴鼓上課,象山會揖陞講坐,面色粹然,精神炯然,每當講到痛快淋漓處,不禁回視年齡最小,坐在最後座的弟子傅季魯說:「豈不快哉!」學生至其居室請益時,象山總是和氣可掬,因材適性予以啟發,不是教以涵養,就是明示讀書方法,而無閒話可說。平時教學,首先教人要收斂精神,涵養德性,學生們也虛心地俛首聽講。象山講學不只是講書,而是要啟發人人內在的本心,有時亦取經書上的話語來印證,初學者有想質疑、致辯的,或想以學自負者,等親聆教益後,多心服口服,不敢再說。遇到學生辭難達

意之困時，象山代為說出，宛如其知己，從而開導誘發。遇到學生
有片言支辭足取時，心不吝嘉許獎進。象山態度誠懇真摯，口音清
響，聽者無不感動奮礪。象山在教育事業上頗具敬業樂群的精神，
其講論終日不倦，夜亦不困，動是三鼓。學者連日應酬，勞而蚤起，
精神仍愈覺炯然。居山五年間，閱其簿，來見者超過數千人之多。
象山的教育工作實在是值得我們敬佩和學習者。

　　至論象山的教育宗旨，自然是環繞著其發明本心，醒人自覺，
務實成德的心學為大前題。象山所以注重心學，由心居身的靈覺感
應義，主宰義而言，皆屬生機活躍的動態面，因此，心學之為實學，
在於其能把握心的活性質以務實踐履，表顯人之生命莊嚴的真與善
之價值。潛藏於其中的關鍵在於「實行」。象山以銳利的觀察，洞見
吾人「實行」的活性質，深深的明白到若不能把人的整個生命托付
於既存有亦活動的本心，則在德性的踐履上將不易得到直截之「行」
這一德性生命的血脈。因此，象山把握到德性之實踐在於「行動」
這一樞紐，窮溯到行動的根源性依據和動力——本心的存在，教人
在生命活動中回歸到本心之所向，自可以一應萬，德性生命則可一
脈流通了。象山主「行」的心學特色連朱子亦為之信服，朱子答項
平甫書有云：

　　　　大抵子思以來，教人之法，尊德性、道問學，兩事為用力之
　　　　要。今子靜所說是尊德性，而某平日所聞，卻是道問學上多。
　　　　所以為彼學者，多持守可觀，而看道理全不仔細。而熹自覺
　　　　於道理上不亂說，卻於緊要事上多不得力。今當反身用力，
　　　　去短集長，庶不墮於一邊耳❶。

❶　《象山全集》，卷三六，〈年譜〉四十五歲條，頁五〇一。

象山的反應是「朱元晦欲去兩短合兩長，然吾以為不可。既不知尊德性，焉有所謂道問學？」（同前註）「尊德性」顯然是象山教育宗旨的意義所在。我們可以說，象山的學問在於如何堂堂正正地做個有德性的人，這也是他教育的價值觀、目的論所在。

瞭解了象山的教育宗旨和目的後，我們可以進一步的來探討其教育方法。為簡明起見，我們將象山的教育方法列舉為下面各項。

㈠辨　志

象山說：「人要有大志，常人汩沒於聲色富貴間，良心善性都蒙蔽了。」❷所謂「人要有大志」，意指人應當回歸肯定人性深處中具莊嚴意義和價值處的「良心善性」，抱持做天地間第一等人的終極理想，將自我一生的努力全幅投入其間，超越世俗「聲色富貴」的迷惑和陷溺，卓然有所立。因此，當吾人在接受教育、讀書學習時，應該面臨人的這一生，反省出值得努力追求的價值理想，而對自己受教育、讀書學習的態度上，確立自己的真實動機。

象山的為學既在學做人，尊德性，則辨志的落實處就在於義利之辨，藉此以澄清自我認識自我所當走的路向，象山在其著名的〈白鹿洞書院講義〉中說：

> 人之所欲，由其所習。所習由其所志。志乎義，則所習者，必在於義。所習在義，斯喻於義矣。志乎利，則所習者，必在於利，所習在利，斯喻於利矣。故學者之志，不可不辨也。

「志」是生命意志，是吾人具意向性行為的推動力。所謂義利

❷　《全集》，卷三五，包揚顯道錄，頁四五四。

之辨，就是在展望自我的生命前程，做了價值抉擇後，如何念念在茲而在為學做人的日用生活層面能遮撥不合理的利欲，思辨似是而非的意見，「使聲色富貴」剝落於身心之外，不為所纏，而使「良心善性」、是非曲直、誠偽真邪充塞流行，昭然朗現在自我的生命世界中。因此辨志是要人從行為的內在源頭處，自我覺醒和自我批判，以便在動機上正本清源，象山說：

> 學者須是打疊田地淨潔，然後令他奮發植立。若田地不清潔，則奮發植立不得。古人為學，即讀書，然後為學可見。然田地不淨潔，亦讀書不得。若讀書，則是假寇兵、資盜糧❸。

總之，象山教人首重「辨志」，是針對士人在科舉取士蔽於利欲者，而予以親切指點，使之軒昂奮發而不沉埋於卑陋凡下處。能辨志，學者才能在學習時，究明道德與技藝的輕重、主從、內外關係。如此，讀書才能真正地明理見道，養心而進德。

㈡啟發人自主的思考能力

象山有鑒於人人皆有自覺反省的潛在思考能力——心的作用，因此，其施教時特別強調培養學生發用心思的靈覺能力，在教學時，常用誘導式的啟發法，他說：「自立自重，不可隨人腳跟，學人言語」、「凡事只看其理如何？不要看其人是誰」❹他在講經書時，常以啟發人的本心，要人自發思慮去想去做。其教人持懷疑求是的態度，用意亦在此。

---

❸　同❷，頁四六七。
❹　同❷，頁四七二。

㈣去學規，主採發明本心的簡易法

宋儒嚴明師道重學規，例如朱熹、呂伯恭等在講學處均設置成文的學規，或刻於石板上，或貼示在牆壁上，警策師生共同恪守。其優點在醒目及有明確的規範可循，缺點則偏在外鑠之功，而使人少自覺內省之效。象山則去除學規，教人由根本上理會，象山說：

> 某平日未嘗立學規，但常就本上理會，有本自然有末，若全去末上理會，非惟無益，今既於本上有所知，可略，地順風吹火，隨時建立，但莫去起爐作灶❺。

蓋象山之意，吾人品性的陶冶在於自動自發才能持久有成。否則，規條雖嚴密，然而在道德他律的方式下，終難保證力行不斷，唯有發明本心，時時操持發用本心，才能在有根有源下，使德性行為生生不息，〈年譜〉五十歲條載：「先生之講學也，先欲復本心，以為主宰，既得其本心，從此涵養，使日充月明，讀書考古，不過欲明此理，盡此心耳。其教人為學，端緒在此。」象山亦嘗舉一學者詩說：

> 讀書切戒在荒忙，
> 涵詠工夫興味長，
> 未曉莫妨權放過，
> 切身須要急思量；
> 自家主宰常精健，

---

❺ 同❷，頁四六一。

逐外精神徒損傷，

寄語同遊二、三子，

莫將言語壞天常❻。

　　這首詩難免帶有禪味，由此亦可知象山活現本心，多從血脈上
感動人的教法，是很難排除他不曾受禪宗本心說的影響，張君勱先
生說：

　　我認為陸九淵可以說是一個僅在方法上的禪家思想信奉者。
　　陸九淵生當禪宗盛行之時，而禪宗又的確不重讀書和文字功
　　夫，只重內心的頓悟。陸九淵不得不受這種觀念的影響。不
　　過，他棄絕禪宗的出世態度，只保持其內求本心的方法。他
　　在方法上應用禪家的技巧，在道德生活的完成與儒家思想的
　　展開上直接訴諸本心❼。

　　張先生的評論甚為公允，堪值我們參考。

㈦身教重於言教

　　儒家向來認為人師重於經師，身教重於言教。蓋言教訟，身教
則從。象山既認為人生長在天地之間，為人當盡人道，為學做一堂
堂正正的人，這一切教化皆有賴於從其自身做起，以自身為範式。
由本節開頭對象山從事教育事業的描述處看來，實可為人師表，當

❻　《全集》，卷三四，傅季魯編錄，頁四〇六。
❼　張君勱《新儒家思想史》（上冊）頁二五九，張君勱先生獎學金基金會，
　　民國六十八年。

之不愧，其高足袁燮由象山身上得到的精神感召最足表彰，他說：

> 燮識先生於行都，親博約者屢矣，或竟日以至夜分，未嘗見
> 其少有昏怠之色，表裏清明，神采照映，得諸觀感，鄙吝已
> 消，矧復警策之言，字字切己歟！先生之沒，餘二十年，遺
> 言炳炳，精神猶在，敬而觀之，心形俱肅，若親炙然❽。

二、修行工夫論

象山哲學的旨趣在啟發吾人面對一己實然的生命，追思察省生命中具莊嚴性和無上價值性的德性潛能，正視它，珍惜它，在銘心刻骨的徹悟後，期許自我以發明本心，實踐全盡的德性生命為自我一生的終極志向。因此，象山哲學的緊要處在豁醒吾人自覺地把捉住本心活的發用，亦即在生活中自動自發的「行動」這一樞紐。甚至連朱子 (1130–1200) 亦感嘆地說出內心的悄悄話，他說：「南渡以來，八字著腳，理會實工夫者，惟某與陸子靜二人而已。」❾茲將象山特別注重的修行工夫探究出若干重點如下：

㈠切己觀省

對象山而言，此心雖靈，然而不必然時時顯發其靈明感通之作用。同時，此理雖明，亦不必然處處能顯現其妙。換言之，在人的生活裏本心常會被其他生命成素的糾纏影響而障蔽，因而只能寂然

---

❽ 《全集》，卷三六，〈年譜〉，嘉定五年壬申條下所錄〈袁燮刊先生文集序〉，頁五二八。

❾ 見於《宋元學案》，卷五八〈象山學案〉。

不動地隱然存在，不能感而遂通地昭然活動，象山說：

> 有所蒙蔽，有所移奪，有所陷溺，則此心為之不靈，此理為
> 之不明。（《全集》卷二十九）

能造成「蒙蔽」、「移奪」、「陷溺」者，據象山的考察有二種可能原因，一為陷溺於利欲之蔽，另一為受意見執著之蒙蔽。前者仍承孟子之見，後者可說是象山有別於孟子的新見解。象山教人要有一種自覺自信，那就是靈覺的本心與明晰的實理雖一時受障蔽而不能開顯，然而其潛在的作為力在人的覺醒工夫中仍可開除這些障蔽而超拔出來，使此心克盡其靈，此理復原其明。

　　針對超越私欲的障蔽，象山提出辨志的工夫。「志」係指生命的意志力，具有生發意向性行為的推動力。辨志的工夫是要吾人從生發外在行為的內在心理意念上，做一番徹底的自我覺醒和自我批判，以期在動機上做一正本清源，克除私欲的矯正工作。辨志主要是為了矯正當時在科舉取士下的讀書人，經不起受功名及富貴榮華的迷惑和陷溺，把讀書的動機污染成追求個人求官發財的工具。

　　因此，辨志的工夫主要是教讀書人在面臨這一生所要追求的目標上做一真實的自我反省，尤其對自己的讀書態度上，予以嚴厲的自我批判，還原出潛藏在自心潛意識深處中所蟄伏的真實動機。更明白的說，辨志就是針對讀書人為學與做人的出發點上做義利之辨，藉此以深刻地認識自己，澄清自我所當走的路向。象山說：

> 人之所欲，由其所習。所習由其所志。志乎義，則所習者，
> 必在於義。所習在義，斯喻於義矣。志乎利，則所習者，必

在於利，所習在利，斯喻於利矣。故學者之志，不可不辨也。
（《全集》卷二十三，〈白鹿洞書院講義〉，象山時年四十三
歲。）

「辨志」就是義利之辨，也是公私之辨，要人在內心的根本處
切己反省，做出存在價值的判斷與人生志向的抉擇，這是吾人德性
生命覺醒及超升的一大關鍵。象山警策有力的說：「彘雞終日縈縈，
無超然之意，須是一刀兩斷，何故縈縈如此，縈縈底討個什麼？」❿
「一刀兩斷」係指自我在真切地覺悟後，能以斬鐵截釘般的意志力
頓棄舊念，不再猶豫、眷顧而有所動搖且再度迷失。象山一位叫陳
正己的門人，在敘述象山如何教人時說：「首尾一月，先生淳淳，只
言辨志。」⓫

對溺於意見的障蔽，象山提出「剝落」的矯治工夫。象山認為
「愚，不肖者不及焉，則蔽於物欲而失其本心。賢者、智者過之，
則蔽於意見而失其本心。」⓬所謂「賢者、智者」指當時像朱子那
樣能明於義利之辨，潔身以自愛的讀書人，在德性的修行工夫上以
格物窮理來端正自己的言行，若專意於此，日久在不自覺中難免流
失本心，縱使能成就學問，卻未必能成就德性。這就是象山批評朱
子說：

既不知尊德性，焉有所謂道問學？（《全集》卷三十四，傅子
雲季魯編錄）

---

❿　《全集》，卷三五，包揚顯道錄，頁四六二。
⓫　《全集》，卷三六，〈象山年譜〉三十四歲條，頁四九五。
⓬　《全集》，卷一，〈與趙監第一書〉，頁九。

　　蓋為學之旨既在求做聖賢，則人倫人道的實現，當在尊德性的踐履上站住腳跟，如此才能進益，否則，若盲目地追求知識的話，猶如「以土打獅子，便逕咬人。若打狂狗，只去理會土。」⓭以土打狗，狂狗只知追逐土塊，不知咬人，這是指出失去尊德性義的道問學，只是解文字，增加知識而未必能促進德性人格的實質進益，這樣的修行工夫對象山而言，未直入血脈處和骨髓處。因此，象山藉自己與朱子在修德工夫上的差異對比，區分當時讀書人的二種類型：「今天下學者有兩途，惟樸實與議論耳。」其中「樸實」係指他回歸自家生命中的此心和此理之工夫，「議論」則指朱子格物窮理的求知解以修德之方式。若我們進一步要追問象山，他的「樸實」與朱子的「議論」到底有什麼差別呢？象山說：

> 吾之學問與諸處異者，只是在我全無杜撰，雖千言萬語，只是覺得底在我不曾添一些。（《全集》卷三十四，傅子雲季魯編錄）

「全無杜撰」和「樸實」皆指向主體生命中本心發用時的親切直接之感受，這是本心充滿先驗內涵的切實感受。象山扣緊本心感物應物之真切實在處指證此心之實存及涵具年限的實理。這些實理不是人由認知活動中憑心的抽象概念化作用「杜撰」出來的處理或知識之理，而是本心天生本具的實理，象山解釋說：「天秩、天敘、天命、天討皆是實理。」⓮這些形而上的本然之理蘊含於心，構成心的充實內涵，此涵具天理的心雖存在於有限的血氣生命中，然而就

⓭　《全集》，卷三五，頁四四七。
⓮　《全集》，卷三四，門人嚴松松年錄，頁四二五。

其年限發用的可能性而言，可謂：「滿心而發，充塞宇宙，無非此理。」 ❺ 反觀格物窮理一途則易流失淪落為「議論」之境，而「議論」對理之實存性而言只能算是「杜撰」，對本心本具的形上天理而言，只能說是對本心添加些外在物罷了。象山認為要超拔陷於「意見」之人較覺醒陷於利欲者費力，他所提出來的對治辦法為「剝落」，他說：「人心有病，須剝落一番，即一番清明，隨後起來，又剝落，又清明，須是剝落得淨盡方是。」 ❻ 「剝落」指將由外攝取進來的經驗知識與內在本心所具的先驗實理做一反省和分辨，區分出原非我所固有的外來添加物，認同我心本然原具者，這是由「剝落」返回「清明」的意義，其中「剝落」是工夫，「清明」是目的。

㈡先立其大

　　前項「切己觀省」的目的在經過真切的自我反省和批判後，期能幡然醒悟，痛改前非。接著就是正面地肯定本心，回歸本心，在往後的一生中培養貞定得住本心的定力，使它不再放失和蒙蔽。象山承繼孟子的教法，主張先立其大，其《全集》載：

> 近有議吾者云：除了先立乎其大者一句，全無伎倆。吾聞之曰：誠然。(《象山先生全集》卷三十四)

象山面對別人對其講學只為一句空洞的「先立乎其大者」並不為忤，卻肯切明白地承認這一事實。

　　「大」的概念源自孟子將人的機能分為大體與小體，並以人若

---

❺　《全集》，卷三四，嚴松松年錄，頁四二三。

❻　《全集》，卷三五，〈語錄〉，頁四三八。

能充分存養和發用大體則能成為尊貴的「大人」。若只順從小體的需求，則易傾於墮落成卑賤的「小人」。孟子所謂的「大體」指能思且能得的「心之官」，「小體」則指具備諸般官能欲望的肉身。孟子並為二者間做一價值的高下判斷，指引人們生活的應然方向在「無以小害大，無以賤害貴。」並且期勉人們「先立乎其大者，則其小者不能奪也。此為大人而已矣。」 ⓻

象山得孔子、顏回、曾子、子思和孟子之統緒，認為人道的大本原存在於一己的內心。換言之，一切具有道德意義的心思、意念和行為中的理，始源於本然之心中。因此德性心於諸般由之而從出的分殊德行，猶眾水之源，百枝之根一般。「立乎其大」就是在這一體認的基礎上，要求德性修養的工夫不當外本心而他求，應該要返求諸己。

再者，本心既為道德之理的始原，此心此理即先天所本具，為形上的存有，則此心與此理可謂是先驗的道德法則，與宇宙共享無涯無際的永恆性與普遍性。人的現實生命雖渺如滄海之一粟，極為有限，然而內在此有限的現實生命中之德性生命——此心此理，在無限的宇宙情操下，使人油然頓生一無比的莊嚴感，振奮了吾人生命的志向，深遠化了吾人生命的意義和價值，豈能因有形生命的有限，而使人生自卑自棄之感，象山說：「道大，人自小之；道公，人自私之；道廣，人自狹之。」 ⓼

凡夫俗子皆可透過內心的覺醒，切已體認「道大」而自覺人之生命潛在的偉大性，由體認「道公」而自覺本心兼容一切的公正感，由體認「道廣」而覺醒人心中原有普遍感通的無限性。象山似乎把

⓻　《孟子·告子上篇》。

⓼　《全集》，卷三十五，頁四五一。

人放在廣闊的宇宙背景下，從人與宇宙的種種依存關係，導引出人潛在的無限莊嚴感和神聖感，激發人的自我肯定和深切的自我期許以及力爭上游的努力行動。他說：

> 宇宙之間如此廣闊，吾身立于其間，須大做一個人。（《象山全集》卷三十五）

「須大做一個人」與「立乎其大」之間有著互為因果的關係。如何篤定這種高尚的生命情操，不使它在現實生活的種種困頓與不良誘惑中有所削弱或流失，對這一點，象山教人須時時自疑自克，象山說：「人心惟危，道心惟微，其得其失，莫不自我，日危日微，此亦難乎？是所謂可畏者也。」[19] 象山並非並立二個不同的心，其「道心」固然指謂本心，「人心」則指道心未發揮主宰的作用下，被私欲蒙蔽下的實然情欲生命之衝動。人心雖難免不被蒙蔽，重要的是受蒙蔽而不自覺自知，終難自拔於種種障蔽中，「立乎其大」就是要保任、操持心之靈，為使本心在任何困頓和誘惑下不困流失而失靈，自疑自克是很緊要的自覺工夫，象山說：

> 必有大疑大懼，深思痛省，決去世俗之習，如棄穢惡，如避寇讎。（《象山全集》卷十五與傅克明）

「自疑」是用來省察自己是否在世俗生活中被私欲和意見所蒙蔽而不自覺自知，若有的話則當奮力自克。自克後又復當自疑私欲和意見之蔽是否已克除盡淨，此心此理是否復暢然流行。因此，自疑與

---

[19] 《全集》，卷三二，論「人心惟危，道心惟微」，頁三七五。

自克有時是交互運用，持續不斷者。自疑自克對象山而言亦兼具一種微妙的反面作用，就是在「立乎其大」後使人不因感念本心的無限形上存有義而淪於自恃自滿，以致流於狂肆放縱之偏激狀態。

㈡自得其理

宋儒在學風上逐漸擺脫滿唐以來對經典所樹立的權威性，經典只是載道而不是道的本身，道是真實地存在於人內在生命中的。因此，吾人對人生道理的追求當回歸到生發道的本源處，亦即孟子頗具原創性的見解：「萬物皆備於我矣，反身而誠，樂莫大焉。強恕而行，求仁莫近焉。」[20] 孟子此義在淵源上是發明孔子「為仁由己」、「我欲仁斯仁至矣」的原旨。這一方法上的線索成為宋儒發展學貴於生活實踐中自悟自得人生道理的儒學根據。例如程明道 (1032-1085) 曾說：「吾學雖有所受，天理二字卻是自家體貼出來。」[21] 其弟程伊川亦說：「學者要自得，六經浩渺，年來難盡曉。」[22] 縱使主張格物窮理的朱子也認為：「借經以通乎理耳。理得則無俟乎經。」[23]

象山在宋儒主張學貴自得的大原則下，做出更精進的發展，他基於「仁即此心也，此理也」[24] 的絕對形上信念下，將《易經》所謂的窮理、盡性與至命皆回歸溯源於主體本身的本心上。並且，他還透過此心之發用所在，便是心所蘊涵的理之所在的信念，教人自

---

[20] 《孟子‧盡心篇上》。
[21] 《二程遺書》，外書，卷一二。
[22] 同[21]，卷二一二上。
[23] 《朱子語類》，卷一一，「經之有」條。
[24] 《全集》，卷一，〈與邵叔誼書〉，頁二。

覺地於自己一心的發用上，體察其中所湧現的理。心在感物時發用，心之感物有無窮的可能機會，因此心之發用也有無數的可能性，而心因著發用的處境、對象和諸般關係之不同，其所顯現的當然法則也無窮。象山說：「孟子就此四端上指示人，豈是人人只有此四端而已。」**㉕**又說：「苟此心之存，則此理自明，當惻隱處自惻隱，當羞惡、當辭遜，是非在前，自能辨之。當寬裕溫柔，自寬裕溫柔，當發強剛毅，自發強剛毅，所謂溥博淵泉，而時出之。」**㉖**

　　象山的理從靜態的觀點而言，是一種具有法則性、規範性和秩序性的實有，他解釋說：「吾所明之理，乃天下之正理、實理、常理、公理。所謂本諸心，證諸庶民，考諸三王而不謬，建諸天地而不悖，質諸鬼神而無疑，百世以俟聖人而不惑者也。」**㉗**象山這段話係借助於《中庸》二十九章對君子之道的陳述，轉化以說明他所言的理之具客觀的永恆性、必然性與普遍性，「實理」指理之實存性；「常理」係指理之恆久性；「公理」係指理的普遍性。能兼具理之實、理之常和理之公者，才是宇宙所賴以可久、可大、可遠的正理。若由理的動態活動義來看，則吾人可由理之自心之靈覺處顯發、察悟、證知理是原本存在於每個生命主體的內心中，所謂：「正理在人心，乃所謂固有。」**㉘**據至，吾人可進一步得知「理」的彰顯是要透過理所寄存的主體生命，正面地自覺自知其心之發用，且唯有透過其心之向外感通的活動中，才能默觀理之自顯自明。象山說：「此心之靈，此理之明，豈外鑠哉？」**㉙**由此推知，若「仁」是人

㉕　《全集》，卷三四，頁四二三。

㉖　同㉕，頁三九四。

㉗　《全集》，卷一五，〈與陶贊仲第二書〉，頁一九一。

㉘　《全集》，卷一一，〈與李宰第二書〉，頁一四四。

生命中靈敏的明覺，則「心」是此靈覺的自身。若不能使心產生靈覺作用，則理雖由心之不自覺的活動而發用，本心卻是無所自覺自知。因此，象山千言萬語雖不同，其殊言同歸處卻在教人在與聖賢同心同理同德的內心上用工夫。他說：「心只是一個心，某之心，吾友之心，上而千百載聖賢之心，下而千百載復有一個聖賢，其心亦只如此。心體甚大，若能盡我之心，則與天同。」**30**

「盡我心」當由自我在心的發用狀態中，透過心的活動以觀其活動的內容和方式，自覺自悟此心本然存在的本質，藉此以揭露主體內蘊的真理，傾聽實存之理的彰顯。

我們可以說象山自得其理的方法，是要人在具體的生活情況中，剝落一切在後果上與一己利害相關的牽連，讓內在的本心活躍出來，在活動中呈現自身，主體於此得以真切體證自己，感受真我的存有。換言之，「仁」是天所予我者，不但是我的「心」，也是我的「理」，以我所呈顯於內的真實存在感動，就當體而言，此感動與此天理乃是同一實有，就「惻隱」之生命內在的觸動而言，可稱為感動。若從「當惻隱處自惻隱」的當然法則而言，它可說是一原理。

因此，對象山而言，人生至理不是外在於主體的認知對象，我們不當在概念系統中推演它也不該在語言文字中尋找它，語言文字或概念系統只能在得到它後而做後設的解釋和描述。蓋人生至理是內存於主體本身，只有發用心知之靈覺，由心之向外感通、發用、呈顯時，自覺自悟自得。

---

29 《全集》，卷七，詹子南錄，頁九四。

30 《全集》，卷三五，〈語錄〉，頁四四七。

㈠尊德樂道

　　象山哲學的核心點置定在人的主體性上，人的主體性所以成為發展及實現人生理想的價值根據，全繫因於涵具諸般先驗道德之理的本心。心的主體性在於其靈通能覺，外物透過靈心的感應才能獲得對主體而言是存在的意義。同時，在靈心對外物的感通中，涵具在心中之理得以發用顯現。此際，亦唯有透過靈心的自「覺」作用才能體認證知。理對心而言是心感通事物的方式，簡言之，理是心的呈現方式。然而，德性生命的涵養和實現是無假期的，必須日積月纍，終此一生，如何在漫長的生命歷程中，恆使此心此理生機不斷，發用不息，當是象山所最注意之事。他說：

> 涓涓之流，積成江河，雖只有涓涓之微，去江河尚遠，卻有成江河之理。若能混混，不舍晝夜，如今雖未盈科，將來自盈科。……如今雖未會其有極，歸其有極，將來自會其有極，歸其有極。（《象山全集》卷三十四，門人傅子雲季魯編錄）

　　「涓涓之流」雖具有「積成江河」的潛能和可行性，卻須要恆心與鍥而不捨的努力。如何使心之靈，理之明貫穿整個生命而無間斷與流失之蔽，只是點活此心使之自覺自悟，或面對物欲、意見的蔽害而自疑自克是不充足的。做為主體的人除了自覺內證外，更當發一大願，確定終身大志，把此當然之心和應然之理視為一生不變的永恆目標，整個生命託付在這一理想上，全身投入，努力修行。所謂：「收拾精神，自作主宰，萬物皆備於我，有何欠闕？當惻隱時，自然惻隱；當羞惡時，自然羞惡；當寬裕溫柔時，自然寬裕溫柔；當

發強剛毅時，自然發強剛毅。」**㉛**能凝斂精神，使此心此理恆為發動生命作為的主宰，這是需要無限誠敬的態度，才不致把德性之事視為不得不應付的責任，或消極地對層出不窮的物欲做心力交瘁的防閑及克制工作。面對本心實理恆保誠敬狀態，「則誠之在己者，不期而自存。……則德之及物者，不期而自化。」**㉜**換言之，面對終身的志向和理想，吾人是不能存功利燥迫心來揠苗助長，也不能視為一無法逃避的職責，當以充滿喜悅的靈心視之為可無限展現生命真幾，及人生機趣的當然大道，這就是象山教人應該培養一種生命中尊德樂道的情操和精神，他說：

> 要知尊德樂道，若某不知尊德樂道，亦被驅將去。(《象山全集》，卷三十五，包揚顯道錄，頁四五七。)

㉛　同㉚，頁四五九。

㉜　《全集》卷二九，解「庸言之信」，頁三三三。

第八章　象山的政治思想與實踐

治宋明理學者多有理學家內聖有餘，外王不足之嘆。然而當筆者涉及象山的政治議論及實際政績表現時，卻不禁感受到其外王意向之強烈。令人意識到吾人對宋明儒之天道、心性及修行工夫的探討外，亦當對他們的政治思想及實踐做應有的研究和傳達。本章試由象山的民本政治理念、義理重於名分的君臣關係論、政論與政績等三層面，紹述象山心學的另一向度和意義。

一、民本的政治理念

象山政治思想的最基本原則，係以人民為政治考慮與實踐的核心。這種民本的政治理念乃承繼孔孟養民、保民和教養天下百姓的政治責任觀而來。我們可逐點審視其民本的概念內涵：

> ⑴天生民而立之君，使司牧之，張官置吏，所以為民也。民為大，社稷次之，君為輕。民為邦本，得乎丘民為天子，此大義正理也。
> ⑵湯放桀，武王伐紂，即民為貴，社稷次之，君為輕之義。孔子作春秋之言亦如此❶。

這兩條的主要概念在顯揚孟子的「民貴君輕」說，其思想來源皆出自孟子❷。孟子處於魏晉爭霸，秦國遂漸崛起，在崇尚國強君威的

---

❶　以上二條順序見《象山全集》，卷五，〈與徐子宜二書〉，頁六六；卷三五〈語錄〉，頁四七八。

時風下，貴君賤民難所避免，百姓成為時君強國所資役使的工具。百姓生命的尊嚴與生活的幸福不受重視，實迷失了政治應有的崇高宗旨。孟子力挽狂瀾，倡導人民為政治實踐的真確目的，亦即政治的主體。因此，政治應以興民利和除民害為依歸。君與社稷皆為實現人民禍趾而存在的手段。民以食為天，因而對孟子而言，政治之首要在民生，亦即養民。我們從孟子對當時所表達的政見中，如止戰、薄稅、正經界、裕民生等皆以養民遂生為焦點。

象山頗能吸收孟子「民貴君輕」及養民遂生的政治理念。他認為政治組織的存在，君王的設置及權力的運用，皆相應於人求生計謀幸福有賴群體生活的互助互成。然而在群體生活中必有利害衝突而形成爭奪混亂的禍害，反而影響到共謀生存的原旨。因此，群體生活的和諧，持久及其功能的發揮，當有其規範以依循，規範的製定及執行乃有立君王的客觀需要，象山說：「民生不能無群，群不能無爭，爭則亂，亂則生不可以保。王者之作，蓋天生聰明，使之統理人群，息其爭，治其亂，而以保其生者也。」❸王者應具備高明的政治管理智慧，調節生產與分配，統合社會的分工合作，以實現百姓求生存謀安養的第一目的，所謂：「行仁政者所以養民。」❹君主既為實現安養百姓這一基本的政治目的而存在，則「民貴君輕」

❷ 係出於《孟子・盡心下》十四章：「民為貴，社稷次之，君為輕。是故得乎丘民而為天子，得乎天子為諸侯，得乎諸侯為大夫。諸侯危社稷，則變置。」

❸ 《全集》，卷三二，保民而王，頁三七九。此語源於荀子對人君所以產生的解釋，所謂「人之生不能無群，群而無分則爭，爭則亂，亂則窮矣。……而人君者，所以管分之樞要也。」〈富國篇〉

❹ 見《全集》，卷二二，〈雜說〉，頁三六八，此義相應於《孟子・梁惠王上篇》第三章「養生喪死無憾，王道之始也。」

的民本政治理念旨在覺醒君主對百姓所負的養生責任了。

象山感嘆自周衰以來「人主之職分不明」待孟子提出民貴君輕說才澄清人主應有的職份❺。然而在以血緣關係父傳子的封建政治中，人主的政權有相當的保障。歷代所實施的君主專政中，亦缺乏對君主實政之強而有力的監督、約束機構與力量。因此，在現實政治中，百姓遇到人主不明職份，不但未能克盡安養百姓之基本政治責任，卻帶給百姓暴政、亂政，招致民生困苦不堪時，民本的政治理念當如何對治呢？

我們從象山全集中，可發現象山對上述問題所持的態度。他的學生嚴松松年常問其四兄九韶（梭山）後世質疑孟子有教諸侯篡奪君位之罪，象山對其四兄能答以民貴君輕的觀念再三稱嘆❻。象山不但肯定「湯放桀，武王伐紂」、「孔子作春秋之言」係出於民貴君輕的動機，並且視為民除害君乃絕對合理，勿庸置疑，他說：「成湯放桀於南巢，惟有慚德，湯到這裏，卻生一疑，此是湯之過也。」❼關於這一點，我們發現象山所承繼的民本思想中，隱含著君主對百姓負有養民安國之絕對責任，而百姓無絕對效忠一失職之君主的義務。因此，民心之向背實質上成為政策批判與政權轉移的主要根據。

我們檢討象山的民本思想，仍是沿襲孔孟愛民、保民和教民的德治王道理念而來，基本上乃屬人治的政治體制。雖然，孔子政治思想較傾向於既有之政權和典憲，主張以德致位。孟子則不奉周室，逢對君王絕對失望時，轉望新王以定於一，然而其人治格局的侷限在於德政的實現有賴於時君的道德自覺。事實上，在傳子不傳賢的

---

❺　《全集》，卷三四，頁四○二。

❻　同❺，頁四二四。

❼　同❺，頁四二五。

舊制中，儘管儒生克盡對時君的言責，可是時君德化的人格與政策在缺乏客觀有力的制度保障下，仍屬可遇而不可求的文化理想。儒家於此，常有客觀歷史際遇的無奈之命限感。孟子雖認為失職的君主當離位而去，暴君可殺之義❽，但是在彼時的政制中如何約束君權？如何監察王政？如何使失職的君主真能離位？孟子似無進一步的探討，因此暴君雖可見棄於民，然而在極度的忍耐後訴之於暴力亦屬下下之策。象山雖承續孟子民本的君輕民貴說，然而卻與孟子一樣只停滯在理念的萌芽上，未發展成熟進而激發制度意識，研議出尊重理性、民意，肯定百姓的參政能力和權力，以制度理念將民本的精神植根於類似近代的民主制度中。蕭公權先生說：「孟子民貴之說，與近代之民權有別，未可混同。簡言之，民權思想必含民享、民有、民治之三觀念。故人民不只為政治之目的，國家之主體，必須具有自動參預國政之權利。以此衡之，則孟子貴民，不過由民享以達於民有。」❾孟子、象山民本義的民貴君輕說如何由道德教化的文化理想義，轉進成政治法制的實質意義，應是當代儒學努力的外王課題之一了。

---

❽ 此二義皆見於〈梁惠王下〉，前者見於「孟子謂齊宣王曰：『王之臣有託其妻子於其友而之楚遊者，比其反也，則凍餒其妻子，則如何？』王曰：『棄之。』曰：『士師不能治士，則如之何？』王曰：『已之。』曰：『四境之內不治，則如之何？』」暗示君主的政治責任與百官無別，失職者當去職。後者見於孟子對齊宣王問湯放桀，武王伐紂事，孟子答以「賊仁者謂之賊，賊義者謂之殘，殘賊之人謂之一夫。聞誅一夫紂矣，未聞弒君也。」

❾ 蕭公權《中國政治思想史》，華岡出版社，六十六年二月六版，頁九一。

二、義理重於名分的君臣關係

　　孔子的政治思想，主要是其人倫道德觀的延伸。他注重理想政治所應有的機能和目的，對政權實際運作的謀術則不多談。因此，孔子規範君臣關係的正名主張❿乃順從周代既有的封建制度，以人應有的道德感和責任意識來釐清君臣上下之權利與義務。《春秋》是孔子將正名主張做具體發揮的史評，顯發了正名思想在政治評論中所樹立的是非、善惡之價值標準⓫。此標準落實到具體的典據，則為盛周之制度。在君臣關係上則嚴守「禮樂征伐自天子出」⓬之原則，尊周室，敬主君，斥貴族之奢僭，貶臣下之篡竊以圖維持封建秩序之安定。因此，孔子較強調君臣之間應致力維持名分與義理的對應符合關係，亦即名與實的一致化，表裏如一。

　　孔子在務求名分與義理的平衡原則下，認定君臣之間的對待應持相互性的要求，他說：「君使臣以禮，臣事君以忠。」⓭在君強臣弱的現實條件下，特別要求為臣者崇尚義理 「以道事君，不可則止」⓮不得懾於君之威勢，貪戀個己的名分利祿而失去為臣的職責。

⓾　《論語‧子路篇》子路問為政之先，孔子答以「必也正名」；〈顏淵篇〉中
　　齊景公問政，孔子告以「君君、臣臣、父父、子子。」

⓫　司馬遷在《史記‧太史公自序》中謂：「夫春秋，上明三王之道，下辨人
　　事之紀，別嫌疑，明是非，定猶豫，善善惡惡，賢賢賤不肖，存亡國，繼
　　絕世，補敝起廢，王道之大者也。」

⓬　《論語‧季氏篇》子曰：「天下有道，則禮樂征伐自天子出，天下無道，
　　則禮樂征伐自諸侯出。」

⓭　《論語‧八佾篇》。

⓮　《論語‧先進篇》。

孟子接續孔子的觀點，且強烈地主張：「君之視臣如手足，則臣視君如腹心；君之視臣如犬馬，則臣視君如國人；君之視臣如土芥，則臣視君如寇讎。」❺臣對君的關係不固執在名分的制約上，而係取決於動態的君對臣之實際態度上。孟子在這方面，對臣應接君所持的立場上有較孔子更具體且尖銳的主張，其中尤以責難於君❻、不召之臣❼和易君之位❽最具代表性。孟子在君臣對待關係中，一方面為臣向君爭取應有的尊重，使人君能禮遇人臣。另方面，孟子則提醒人臣的政治目的在「務引其君以當道，志於仁而已。」❾若人臣未能克盡導引人君施佈仁政的使命時，基於責任意識「有官守者，不得其職則去。有言責者，不得其言則去。」❿對導引人君行王道仁政的方法，孟子推本溯源於「格君心之非」⓫。換言之，人臣輔佐君王當積極地修正人君正確的政治理念和政治動機。孟子承戰國之風，期許人臣能以「師」教君和以「德」抗位，將君臣關係調整為義理較重於名分。荀子（前 313–？）則進一步地指認能諫、爭、輔、拂之臣為明君所當尊厚者，確立「從道不從君」⓬的人臣事君

---

❺　《孟子‧離婁下》第三章。
❻　《孟子‧離婁上》第二章有言：「責難於君謂之恭，陳善閉邪謂之敬，吾不君能謂之賊。」
❼　孔子以君為師，孟子則以臣為君之師，且舉桓公之於管仲，湯之於伊尹為例證，據此進言伊尹和管仲乃不召之臣的典範。見《孟子‧公孫丑下》。
❽　孟子認為君若有大過，貴戚之卿當進諫，數諫不聽則可易君位。見《孟子‧萬章下》第九章。
❾　《孟子‧告子下》第八章。
❿　《孟子‧公孫丑下》第五章。
⓫　《孟子‧離婁上》第二十章。
⓬　《荀子‧臣道篇》謂：「大臣父兄有能進言於君，用則可，不用則去，謂

之最高準則。

　　象山政治思想本著他心學的一貫立場，認為政治的第一要務在正人心❷。換言之，象山要求從政者應樹立明確的政治理念，和實現該理念的意志力，亦即培養尊德樂道的動機。在理想政治中，政治權勢的分配應和從政者才德的高下成正比。從政者的才德與所享的權位是否相符，亦即道與勢契合，成為象山判斷治世與亂世的尺度，他說：

> 古者勢與道合，後世勢與道離。何謂勢與道合？蓋德之宜為諸侯者為諸侯。宜為大夫者為大夫。宜為士者為士，此之謂勢與道合。後世反此，賢者居下，不肖者居上。夫是之謂勢與道離。勢與道合，則是治世。勢與道離，則是亂世❷。

「勢與道合」指政治的合理人事制度，務求才德與名位的一致化，使人與事之間能適才適所。這樣的要求不但能使人各居其位，各得其所，各盡其才，才盡其用，實現因事求人的合理人事制度，同時，亦表現了象山崇理尚義的政治精神。然而在現實的政治運作中，賢

之諫。有能進言於君，用則可，不用則死，謂之爭。有能比知同力，牽群臣百吏，而相與彊君撟君，君雖不安，不能不聽，遂以解國之大患，除國之大害，成於尊君安國，謂之輔。有能抗君之命，竊君之重，反君之事，以安國之危，除君之辱，功伐足以成國之大利，謂之拂。故諫、爭、輔、拂之人，社稷之臣也，國君之寶也，明君所尊厚也。……傳曰：從道不從君，此之謂也。」

❷　《全集》卷三四，〈語錄〉，頁四二六。載曰：「學者問荊門之政，何先？對曰：必也正人心乎。」

❷　同❷，頁四一一。

者與不肖者的錯置，所謂「勢與道離」的事實乃常有之事。不肖者在才德不足以勝任既有的勢位時，常訴之於名分上所附生的權威，甚至以犯上的莫須有罪名來迫害屬下的義理之爭。象山極力抨擊這種訴諸權威而不知講理的官僚作風，特將這種人稱為「犯理之人」。他說：

> 名分之說，自先儒尚未能窮究，某素欲著論以明之。流及近世，為弊益甚。至有郡守，貪黷庸繆，為屬民之事，縣令以義理爭之，郡守輒以犯名分劾令。朝廷肉食者不能明辯其事，令竟以罪去。此何理也？理之所在，匹夫不可犯也！犯理之人，雖窮富極貴，世莫能難，當受《春秋》之誅矣！當此道不明不行之時，群小席勢以從事，亦何嘗不假借道理以為說。顧不知彼之所言道理者，皆非道理也❷❺。

象山認為若郡守做下欺人害民之事，縣令打抱不平，爭之以義理，不但不能伸張正義，反被冠上犯名分的罪名，這是令人深惡痛絕的無理。講理是人尊貴的特質，亦是人性活動中極具莊嚴崇高處。然而，在專制時代，上下名分之說，要求下對上必須絕對的服從。無形中，在上下對待關係中，強權成為是非的依據，是非的標準不在理的客觀自在性，而在強權的個己之理或一偏之理。象山認為沒有是非觀念，只顧營私謀利的小人「席勢以從事」強詞奪理以掩飾自身的理虧和私利的謀取，其所言「皆非道理」。至於對是非裁決不訴諸理性而訴諸名分的人君，實在應該「當受《春秋》之誅矣！」。

審視象山的民貴君輕思想，實溯源於心即理的絕對命題，心即

---

❷❺ 《全集》，卷一二，〈與劉伯協第二書〉，頁一六四。

是先驗之理的自身，也是人的超越特質，則能講道理的人才算是堂堂正正的一個人，才能顯發人的尊嚴。因此，在政治上特別要求人能在理上有所自覺。換言之，亦即以能開顯具普遍性，客觀性和永恆性的本心來超脫專制時代名分的束縛，昂揚公道公理的存有價值。當象山崇理尚義的價值觀遭遇重名分權勢的現實政治時，仍堅定信念地處理二者間的緊張關係，謂「勢出於理，則理為之主，勢為之賓。天下如此，則為有道之世。國如此，則為有道之國。家如此，則為有道之家。人如此，則為有道之人。反是，則無道。」❷⑥他所說的「道」係指人間的正義和公道，以及依循公義的規範所產生的清明而有條理的政治狀態。理與勢既為一種以理為主體，勢為輔用的主從關係，則轉換成名分與義理的關係時，成為義理是主，名分是依。因此，一旦在政治上講名分，則實際上係假道理以為說。反之，若講威勢，則論勢不論理，為顧全名分反而犧牲了道理，其流弊則助長獨裁專制的暴虐政治。

　象山由心的覺悟，理的意識，導出理為主，勢與名分為從，無形中提升了人臣的自尊自信與政治責任的履行勇氣。象山在其〈荊國王文公祠堂記〉一文中對王安石的政治思想，頗賞識的一點是「公（安石）曰：君臣相與，各欲致其義耳。為君則欲自盡君道，為臣則欲自盡臣道，非相為賜也。」❷⑦君臣在公務上的對待態度，應各自站在崗位上堅守職責，不容摻雜私與之情，影響處事的嚴正性和公平性。政治是處理大眾的公共事務，應有其公義基礎。從現實利害而言，隸屬於該政治團體裏的每一份子皆有其或多或少的利害關係。中國古來的君主專制政體中，人君常有家天人的心態，因此，

❷⑥　同❷⑤，第一書，頁一六三。
❷⑦　《全集》，卷一九，頁二二七～二二八。

人臣在名分、權位和利祿的獲得上，有時視為皇恩浩浩而在知遇之恩的感激下，常有過猶不及的愚忠之嫌。人君亦常對王室特別效忠的人臣，在賞罰上亦有徇私的不當處置。二者皆陷於主觀的私交情結中，於公理上未必能昭信天下人的義理之心。

因此，象山認為政治上的器與名乃天下公然之事物，只要符合才德的表現，任何對政治有特殊貢獻的人皆可由眾人認可而透過人君來頒發。換言之，人君應本著天下人的是非，秉公行事，不得無視於公理，而將政治上的器與名視為私人所有，任憑個人意志而濫施賞罰。在這一立場上，象山本其特有的覺悟而疑古，他說：「惟器與名，不可以假人，只當說繁纓非諸侯所當用，不可以此與人。左氏也說差卻名了，是非孔子之言，如孟子謂聞誅一夫紂矣，乃是正名。孔子於蒯瞶輒之事，乃是正名。」❷❽象山對人君在家天下的心態下將名與器私相授受之批判，固然有意義，然而如何將名位這一天下的公器訴諸理性化的公共制度，則未能輾轉出來以有效處理中國傳統以來的歷史難題，亦屬憾事。

政治既為關涉到天下百姓苦樂的公共事務，則應該是人人皆可以關心，都可以來談，在興利除弊上表達一己的意見和對治之策。然而，象山特別要矯正一般人臣在對人君表達政見時所持「入告出順」的心態❷❾。「入告」是指人臣有嘉謀嘉猷時，未能在公開的場合

---

❷❽　《全集》，卷三四，頁四一八。

❷❾　《全集》，卷一七，〈與致政兄書〉有言：「唐虞三代盛時，言論行事，洞然無彼己之間，至其叔末德衰，然後有爾有嘉謀嘉猷。入告爾后于內，爾乃順之于外，曰：斯謀斯猷，惟我后之德，……入告出順之言，德不兢之驗也。後世儒者之論，不足以著大公，昭至信，適足以附人之私，增人陷溺耳。」，頁二一四。

與人君及其他大臣一起公開討論，以收集思廣益之效和實現公開、公平及公正之意義，卻私自密告於人君。「出順」指該人臣入告後，在一般公開的場合上卻表現得對人君低聲下氣，一味曲承依附狀。人臣如此作為，不但認可、增強人君私天下、家天下的意識，同時也失為堂堂正正的人所應有的行徑。象山與朱熹的奏劄常互相抄寫給對方以公開他們的政見，就是一種坦然光明的政治行為和政治人格。

從政者除了堅守崗位，克盡職責外，皆應就自身所見所聞所思，本著政治道德，勇於盡言責。特別是君子有失察處，為臣者更應當不畏權威及一己的利害之計，勇於進諫，格君心之非以端正政風，為民興利除弊，象山說：「君心未格，則一郡黜，一郡登；一弊去，一弊興。如循環然，何可窮已。」❸⓿

至於君主對群臣的領導原則，象山設身處地提出「四物湯」，亦稱為「四君子湯」，內容為「任賢、使能、賞功、罰罪。」❸❶任賢、使能係儒家所常言，賞功、罰罪則兼具法家的色彩，今將二者予以分述。

儒家的理想政治，常寄望於賢能當道的人治形態。《中庸》第二十章之首段說：「哀公問政，子曰：『文武之政，布在方策。其人存則其政舉，其人亡則其政息。……故為政在人，取人以身，修身以道，修道以仁。』」孟子與荀子亦意識到政治的成敗，人為因素是首要條件，亦是關鍵所在，孟子說：「徒善不足以為政，徒法不能以自行。」❸❷善只是良好的主觀動機，若要將善心運行於政治，廣佈於

❸⓿　《全集》，卷一〇，〈與李成之書〉，頁一二五。
❸❶　《全集》，卷三四，頁四〇六。
❸❷　見《孟子・離婁上》，第一章。

人群，尚需客觀的名分、權勢與典憲、制度……等條件配合。法雖周密健全，究竟是客觀的條件與工具，尚需有抱負有才德的人來充分解釋、活用，法才能發揮治國的效用。二者中，人是發動者，因此人的完美性重要於法的完美性，據此，孟子認為：「惟仁者宜在高位，不仁而在高位，是播其惡於眾也。」❸荀子的政治思想以禮為手段，以人為本要，在其論治人之義最切的〈君道篇〉中說：「有亂君無亂國，有治人無治法。……君子者治之原也。故有君子則法雖省，足以遍矣。無君子則法雖具，失先後之施，不能應世之變，足以亂矣。」

象山本其心學的一貫立場，揭示「君之心，政之本」❸的根本理念，做進一步闡釋：

> 為政在人，取人以身，修身以道，修道以仁。仁，人心也。人者，政之本也。身者，人之本也。心者，身之本也。不造其本，而從事其末，末不可得而治矣❸！

象山將孟子推仁心行仁政的觀點，與《大學》首章言治國平天下的首務在修身為本的思想結合起來。如是，儒家理想政治中的仁政王道之動力根源，正本清源於是否能以仁道修身，以充分發用心之靈明與正義感。因此，我們可以說象山心學的政治思想旨在覺醒為政者的先天理性及道德性，使政治的共通處植根於大是大非的公理上。換言之，人性的自覺，天理的照明是一切為政者應本的絕對原則。

---

❸　同❸。

❸　《全集》，卷三〇，〈程文政之寬猛孰先論〉，頁三五三。

❸　《全集》，卷一九，〈荊國王文公祠堂記〉，頁二二九。

任賢使能是用人的原則，固要本著理性來明辨賢能與否。賞功罰罪更有賴於明智的公然判斷。因此，象山要求人君特別要講理，須講是非、辨優劣。

在任賢使能方面，人君治理天下應懂得善用人才。延攬人才貴在知人，因為人君對人的接觸和相處機會有限，所以有知人之難，象山說：「臣嘗謂事之至難，莫如知人；事之至大，亦莫如知人。人主誠能知人，則天下無餘事矣。」❸⓺ 人君知人的可貴處，不在臣子已表現出來的事績上品評該人，而貴於尚無機會作為，亦即功業未著之前，處於潛態的優秀人才。象山列舉歷史上鮑叔知任管仲、蕭何知用韓信、呂蒙預知陸遜、徐庶明察孔明皆能見人才於未著之前❸⓻。象山謂若有以上四人的才智，才可論知人。同時，知人的能力可以藉知識的攝取以培養，象山告訴孝宗說：「人之知識，若登梯然，進一級，則所見愈廣。上者能兼下之所見，下者必不能如上之所見。陛下誠能坐進此道，使古今人品瞭然於心目，則四子之事，又豈足為陛下道哉！」❸⓼

象山進一步指出有益於任賢使能的知人之知識，不但需借助於古今人物的比較、分析與品評，更有賴於深入考察一個人內在的心思與情性，所謂「某觀人不在言行上，不在功過上，直截是雕出心肝。」❸⓽ 言行和功過雖是具體的形著，便於觀察，然而究竟只是表象，憑有限的支離的表象是不足深察潛藏於人心中的無形之品性，

---

❸⓺　《全集》，卷一八，淳熙十一年，象山在於敕局，曾上殿輪對，在所進五劄子的第三劄論知人。引文載二一八頁。

❸⓻　同❸⓺。

❸⓼　同❸⓺。

❸⓽　《全集》，卷三五，頁四七一。

象山說：「滯形泥跡，不能識，被人瞞。」**❹**

有限的言行、功過不足全觀人臣的品性，特別是不能執著在人臣的細小過失上，因小失大而埋沒人才，或因人臣在言行上小有表現，而據以誤判為可用之才。象山對此特別警策有力地說：「後世人君，亦未嘗不欲辯君子小人，然卒以君子為小人，以小人為君子者，寸寸而度，銖銖而稱之過也。以銖稱寸量之法，繩古聖賢，則皆有不可勝誅之罪，況今人乎！」**❹**總之，政治的興衰以人為因素為本質要件，在人才的考量、發掘、培養與晉用上應特別謹慎。人才的誤判與誤用，對人君而言是誤己，對人臣而言是誤人，對人民而言是誤民，對國家而言是誤國，貽害之大，難以彌補。《易經》否泰兩卦有明訓，泰卦象曰：「內君子而外小人，君子道長，小人道消也。」否卦象曰：「內小人而外君子，小人道長，君子道消也。」君子小人之辨的失誤常因徒繩檢於外，而未能觀察入微以深識其內，明於未著之前。象山此論，頗值玩味。

至於賞功、罰罪原屬法家所主張。然而法家的法側重條文、律令和人君的意志，無形中群臣與百姓將是非取捨的尺度安置於與其有利害關係的法上。象山則將政治治術上手段的寬猛，溯源於一切當揆於理**❹**。但是為了懲罪揚善，對人臣行為的結果須賞罰分明，他說：「凡事只看其理如何，不要看其人是誰。」**❹**法家主張法律面前人人平等，然而人君所立的法未必全合理，因此常有表面上公平，實質上卻因未能兼顧人與事的個別差異性，及人君本身學識的有限，

---

❹ 同**❸**，頁四六一。

❹ 《全集》，卷一七，〈與致政兄書〉，頁二一四。

❹ 《全集》，卷三〇，〈程文政之寬猛孰先論〉，頁三五三～三五七。

❹ 《全集》，卷三五，頁四七二。

意志的偏失而未盡合理。象山以理來覺醒公正意識，將法律前的平等，逆求於公理面前人人平等。但是在現實層面，吾人究竟如何就理論人與事？象山缺乏進一步探討。然而象山為顯耀天理、公理，則在除惡務盡上主張賞罰分明，象山說：

> 有不仁不善，為吾之害，而不有以禁之、治之、去之，則善者不可以伸，仁者不可以遂。是其去不仁，乃所以為仁；去不善，乃所以為善也。故曰：為國家者，見惡如農夫之務去草焉，芟夷蘊崇之，絕其根本，勿使能殖，則善者信矣❹❹。

罰罪的動機在於對不仁不善的害群之馬，深惡痛絕，罰罪的目的一方面禁絕不仁不善以斷後患，另方面則正面地使仁者善者充分地發展、實現，使之亦能感召、鼓舞其他欲為仁為善者以高尚其志，勉力而行。因此，象山對那些蠹國害民的官吏極為不齒，堅決主張不可持寬仁之說者以寬宥而姑息，所謂：「於其所不可宥而宥之，則為傷善，為長惡，為悖理。」❹❺

三、政論與政績

變法問題是宋代政治上聚訟紛云的大公案。主腦人物王安石屬陸象山的鄉先輩，宋神宗時任宰相行變法，為守舊勢力，如富弼、韓琦、司馬光、歐陽修、蘇明允父子、程伊川等所反對。在不得已的情況下，王安石用呂惠卿、章惇等人協助，致使新法變質，流為

❹❹　《全集》，卷五，〈與辛幼安〉，頁六八～六九。
❹❺　同❹❹，頁六九。

黨爭而告失敗。

象山認為凡事不合天理，不當於人心者，必為害天下。雖然弊法應改變，可是若不審慎地衡情度理，驟為變法，則所招致的禍害可能大於舊法，同時，成為守舊者反對再變法的口實。因此，象山是傾向於變法的，但是不可操之過急，應該充分考慮大原則大方向，待根本理念及架構藍圖成熟篤定後，循序漸進，積漸以成變❹。

至於對王安石的品評，除了前述，象山頗賞識王安石明於人臣職責之尊嚴而確立的君臣關係外，亦稱道他潔身自愛，不同流俗的志節，象山說：「英特邁往，不屑於流俗聲色利達之習，介然無毫毛得以入於其心，潔白之操，寒於冰霜，公之質也。掃俗學之凡陋，振弊法之因循，道術必為孔孟，勳績必為伊周，公之志也。」❹

象山也檢討了王安石變法所以失敗的原因有二點。在理論方面，王安石變法只知泥於師法古人的法度，未能溯本究源於法度的所以然，亦即形上的理念基礎。象山謂王安石：「指陳時事，剖析弊端，枝葉扶疏，往往切當。然覈其綱領，則曰：當今之法度，不合乎先王之法度，公之不能究斯義而卒以自蔽者，固見於此矣。其告裕陵，蓋無異旨，勉其君以法堯舜是也，而謂每事當以為法，此豈足以法堯舜者乎。」❹「法度」是從政者因應客觀的環境需要而將回應的理念具體化之結果。因此，「法度」有其時空條件與相對效用。歷史是動態的，社會條件是不斷變化的，顯然地，王安石未能深察這一點，以致泥於師法古人的法度，未能吸取古人超越時空限制的政治智慧以應變局。再者，新法的起點應在導引轉化對政事的思想觀念。

---

❹　同❸，見第四劄，頁二一九。

❹　同❸，頁二二八。

❹　同❸，頁二二八。

換言之，革新首在革心。從政者的觀念系統係帶動政治行動的驅策力，王安石未能明於本末先後的邏輯次序，象山所謂：「心者，身之本也。不造其本，而從事其末，末不可得而治矣。」❹新法焉能不失敗。

在實踐方面，王安石推行新法未能知人，以致用人不當，被狡猾投機的小人所乘猶不覺悟，終不得遂其志。象山說：「新法之議，舉朝譁譁，行之未幾，天下恟恟。……君子力爭，繼之以去。小人投機，密贊其決，忠樸屏伏，憸狡得志，曾不為悟，公之蔽也。」❺同時，象山認為反對新法者亦應分負失敗之責，象山說：「熙寧排公者，大抵極詆訾之言，而不折之以至理，平者未一二，而激者居八九，上不足以取信於裕陵，下不足以解公之蔽，反以固其意，成其事。新法之罪，諸君子固分之矣！」❺❶換言之，反對派與王安石犯著同樣的錯誤，只知執意於法度建置等末務上爭議，不知於基本的政治理念上予檢討與調整。

除評論新法外，象山對時政有兩項重要的政論。首先是承繼《公羊傳》的復讎思想❺❷，主張對金人復讎。事由可推溯自象山少聞徽、欽二帝被金人所擄的靖康間事，乃剪去指爪學弓馬。在敕局的閒曹時，研究武略，在國學時，主講《春秋》，申張聖人貴中國，賤夷狄之理。他感嘆千年來，世儒對華夷之辨不明暢❺❸。對徽宗、欽宗的

---

❹　同❸❹，頁二二九。

❺　同❸❹，頁二二八。

❶　同❸❹，頁二二九。

❷　見《春秋》《公羊傳》，卷六，魯莊公四年條。臺北新興書局，六十七年三月版，頁三九。

❸　同❸❺，頁二一七。

國恥世仇，象山在其輪對五劄的第一劄子中，首論復讎，他說：「版圖未歸，讎恥未復，生聚教訓之實，可為寒心。執事者方雍雍于于，以文書期會之際，與造請乞憐之人，俯仰酬酢而不倦。道雨暘時，若有詠頌太平之意，臣竊惑之。」❺❹執事者所以高居若無事，優游以酬酢，猶若太平之世，究其心態「乃懷安，非懷義也。」❺❺象山的偉大志抱與復讎雄心可見諸其頗心儀專重事功的陳同甫 (1143–1194) 一事❺❻。

象山另一重要的政論，乃是有關整頓當時的吏治問題。宋代內政最大的弊端，在於地方政治的實權被當時稱為「吏人」或「公人」的胥吏所把持，官人反而發揮不了實質的作用。所以會淪落到這種局面，象山檢討原因，發現「公人之所以得志，本在官人不才。」❺❼官人習染公人的敗壞風氣，且被公人刻意欺瞞事實，所謂：「官人常欲知事實，吏人常不欲官人之知事實。」❺❽蓋官人常為異鄉人，吏人則為本地人，官人視事，周圍皆吏人，且需借吏人以問事，而吏人卻不告以實情。

吏人所以能左右地方政事，除了本地人熟悉地方事務外，更重要的原因是他們掌握了簿書，而世儒又恥於銖銖於簿書。象山認為「弊之難去者，多在簿書名數之間。此姦貪寢食出沒之處，而吾人之所疏者。比嘗考究此等，頗得其方。蓋事節甚多，難以泛考，要

---

❺❹　《全集》，卷十八奏表。

❺❺　見〈象山年譜〉高宗紹興二十四年條，頁四九〇。

❺❻　孝宗淳熙元年五月，象山曾訪呂伯恭於衢。呂氏在致友人陳同甫書中謂象山對陳氏「雖未相識，每見尊兄文字，開豁軒翥，甚欲得相聚。覺其意甚勤，非論文者也。」見〈年譜〉三十六歲條，頁四九六。

❺❼　《全集》，卷五，〈與徐子宜第二書〉，頁六六。

❺❽　《全集》，卷八，〈與趙推書〉，頁一〇九。

須於一事精熟，得其要領，則其他有緣通類舉之理。」❺當時地方政治成敗的關鍵在於如何把簿書整理得條理井然，使吏人無所隱瞞、扭曲以做奸。然而，簿書名數事節繁雜，難以泛考博識。象山認為方法上的要領在「須於一事精熟」，再以類推法舉一反三。

徐復觀先生認為「象山之所謂『須於一事精熟』，主要係財賦問題，其次是獄訟問題。」❻象山在其幾封書札中，例如與張春卿論輸納、與宋漕論金穀輸納、與蘇宰論括民屯戶等，皆能對田賦等諸問題利弊之所在及其由來，詳實論述。顯示出他對這一問題有過細密的觀察，深入的研究。

除了正面地積極整理簿書外，象山在對治亂政的吏人方面，主張嚴厲制裁之負面手段。他辯正地說：「縣邑之間，貪饕矯虔之吏，方且用吾君禁非懲惡之具，以逞私濟欲，置民囹圄，械繫鞭箠之間，殘其支體，竭其膏血，頭會箕歛（收賦稅時用剋扣方法），搥骨瀝髓，與奸胥猾徒厭飫咆哮其上。……上之人或浸淫聞其髣髴，欲加究治，則又有庸鄙淺陋，明不燭理，志不守正之人，為之緩頰，敷陳仁愛寬厚有體之說，以杜吾窮治之意。」❻象山對猾吏奸民的為害善良，深惡痛絕，常用《左傳》「去惡務盡」的觀念，主張應依理法嚴辦重懲，能去惡才足能揚善。因此，對惡性重大的吏人，象山極力反對以弛廢包庇的愚仁作風，那只有姑息養奸，助長奸邪虐民益甚。

象山不僅有其精思細索的政治思想，可貴的是他將其理念落實

---

❺　《全集》，卷五，〈與趙子直書〉，頁六七。

❻　見徐復觀先生著《中國思想史論集》，臺灣學生書局，六十四年五月四版，〈象山學術〉，頁六七。

❻　《全集》，卷五，〈與辛幼安書〉，頁六九～七〇。

於現實的政治環境中，創造了令人側目的荊門軍政功積。荊門之治係源於宋孝宗淳熙十六年 (1189) 象山五十一歲時，奉詔知荊門軍，光宗紹熙二年 (1191) 九月三日到任，第二年十二月十四日即逝世於任上，計十五個多月。荊門在南宋已屬邊城，形勢險要，象山說：「荊門在江漢之間，為四集之地。南捍江陵，北援襄陽，東護隨、郢之脅，西當光化、夷陵之衝。荊門固，則四鄰有所恃，否則有背脅腹心之虞。」❻❷到任後，他發現工作艱鉅，責任重大，百廢待興，如「簿書所當整頓，廬舍所當修葺，道路當治，田萊當闢；城郭當立，武備當修者不少。」❻❸象山潛究密稽，目不暇給，「視官事如家事」、「以詩書為政，待邦人如子弟。」❻❹政績斐然，茲摘錄重要的事功表現，分述於下。

(1)整頓簿書：由於象山深知做一位地方官，若不知節目名數之詳，少有不為胥吏欺瞞者。因此，如能把簿書整理明暢，使胥吏無所容奸，自然是象山到任後的首務之事。象山謂：「鄉來郡中公案，只寄收軍資庫中。間嘗置架閣庫，元無成規，殆為虛設。近方令諸案就軍資庫各檢尋本案文字，收附架閣庫，隨在亡登諸其籍，庶有稽考。若去秋以來，文案全不容漏脫矣！」❻❺

(2)改善稅收：象山到任荊門後，發現由於監司郡守數易，以致接連三年接送頻繁，藏庫空竭。調度倚辦商稅，手續煩苛，而門吏取賄，商家苦於重費，多由僻途。象山於是罷去各種煩苛手續，減少稅率，既可杜絕逃稅之風，也可增加稅收。酒課亦如之。此外，

---

❻❷ 《全集》，卷一八，〈與廟堂乞築城劄子〉，頁二二一。

❻❸ 見《全集》，卷一五，〈與羅春伯書〉，頁一九四。

❻❹ 《全集》，卷三六，頁五一九、五二○。

❻❺ 《全集》，卷一七，〈與張監第二書〉，頁二一○。

在幣制方面，荊門原使用銅錢，後因近邊改用鐵錢，但輸納還是要用銅錢，但是彼時銅錢之禁日嚴，百姓在苦於換取銅錢下，既生麻煩也遭損失。象山詢訪民間後為民瘼請命，仍收納鐵錢❻❻。如此改革後，不但解決了荊門財政難題，充實防衛武力，且博得民心。

⑶修築新城：荊門雖為軍事要地，卻一向無城壁。象山感於該地自古即為戰爭之場，今為次邊，在江漢之間為四集之地。雖四山環合，義勇數千，然而倉廩府庫極端廢弛，歷任守將雖累議修築子城事，卻受阻於重費。象山審度評估後，決定召集義勇，優給庸直，親自勸督，相勉以義，不專以威。結果，役者樂趨，效率大增，才三、四個月就告完工。所花費的緡錢三萬，尚不及原先歷任預算的六分之一。歷任屢議欲興建的國防工事，到象山手裏僅以短期工時全部完工，且用費低廉。此外，扭轉了彼時以執役為恥的陋習。此事反映了象山以公理感召民心，普獲支持，尤其發揮了軍民一體的可貴精神，也顯示了象山卓越的治事才能❻❼。

⑷整飭軍備：宋代兵制之地方軍係招募而來，平時擔任地方雜役，訓練不足，軍紀廢弛。象山所處的湖北諸郡，軍士多逃亡，象山緝捕逃亡的策略，得帥臣章德茂的支持，可與鄰郡定約，相互緝捕，以杜絕逃逸之患。再加上信賞捕獲者，重懲奔逃者，使這一嚴緝逃亡的政策收到很大的效果。此外，整理戶籍，革除冒名頂替的流弊，始充實額定編制人數。接著實施訓練，獎勵射術精良者。荊門因係邊城，對一般民眾的軍事訓練亦很重要，象山在官兵的平時習射中，亦讓郡民參與，中者亦同賞。此外，象山一面訓練，一面

---

❻❻　《全集》，卷一五，〈與薛象先書〉，卷三三，楊簡〈象山先生行狀〉。

❻❼　《全集》，見卷一七，〈與鄧文範書〉，頁二一三，卷三六，〈年譜〉，五十三歲條，頁五一六。

築城,參加築城的士兵給予優厚報酬,軍士樂於效命。如此,不但
逃兵絕少,且參加閱兵大典時,數荊門部隊的訓練成績最佳❸。

　⑸改善司法與治安:象山為使下情儘量上達,讓所屬官吏和民
眾,隨時皆可接見。因此,郡內官吏之貪廉,民俗之習尚皆得悉於
平時。逢聽訟時,不拘形式,笞箠不施,唯理是從,如斷家務事。
罪輕者多酌人情,曉以事理。對難以誨化者,才予斷治,且詳其文
狀,以防日後再犯。象山對民事訴訟主要以感化為主,久之,民情
信實,而有兩造不持狀,唯對辯求決者❹,終至「無訟」的地步。
所謂:「比來訟牒益寡……終月計之,不過二、三紙。」❼

　由於州縣未重視保伍之制,盜賊匿藏,尤以近邊為嚴重。象山
對盜賊緝捕雖嚴,然多採用感化教育。且從現實的生計問題上來解
決根本困結,化盜賊為良民。此外興學校,勸耕稼,置醫院官,為
民興利除弊,造福鄉土。象山制事以義的多項政治改革,究其根源
係由本心的存養、發用所推動出來,徐復觀先生說:「象山之心學,
一面為個人、國家、社會之融合點;一面為人對國家社會事業負責
之一種生命力的解放,使人真能感到『滿心而發,充塞宇宙』之生
命力量的偉大。」❼可說是貼切的評論。

---

❸　參見《全集》,卷三三,楊簡〈象山先生行狀〉;卷一六,〈與章德茂書〉。

❹　同❸,見楊簡〈象山先生行狀〉。

❼　《全集》,卷一七,〈與張監第二書〉,頁二一○。

❼　同❺,頁七一。

第九章　朱陸論學及其各自的思想立場

一、前　言

在象山的學術生涯中有二次與朱熹展開了直接的爭辯，一次是在鵝湖與朱子面對面的辯論。另一次則針對周濂溪《太極圖說》中的「無極」是否屬儒學研究上的必要，藉書信的往返各自提出論點以資爭辯。此外，兩人在講學、平時問學及所作的文字中，時有間接批評對方及為己辯護者。

綜觀象山與朱子爭辯的內容，主要問題計有：尊德性與道問學孰為先？人心與道心之分有無意義？《太極圖說》是否允當之爭？由互指對方為禪學而帶出的儒釋之辨等四問題，筆者擬將最後一問題專就象山心學與禪學的關係另闢一章，本章則對前三大問題做一分析性和批評性的處理。至於造成兩人爭辯的根本差異處，就黃宗羲（梨洲，1610–1695）的看法係歸結於兩人學術宗旨的不同，他說：

> 先生（指象山）之學，以尊德性為宗，謂先立乎其大，而後大之所以與我者，不為小者所奪；夫苟本體不明，而徒致功於外索，是無源之水也。同時，紫陽之學則以道問學為主，謂格物窮理，乃吾人入聖之階梯；夫苟信心自是，而惟從事於覃思，是師心之用也❶。

---

❶ 見《宋元學案（中）》，臺北，河洛圖書出版社，1975年三月，臺影印初版，一五，〈象山學案〉，頁六，宗羲案語。

　　黃宗羲的見解基本上是正確且有根據的，蓋朱子本人曾表示：「大抵子思以來，教人之法尊德性、道問學兩事為用力之要。今子靜所說專是尊德性，而某平日所論，卻是道問學上多，所以為彼學者，多持守可觀，而看道理全不仔細。而熹自覺於義理上不亂說，卻於緊要事上，多不得力。」❷

　　象山「尊德性」與朱子「道問學」之異被後世視為理學與心學兩大派系之間歷史性的論辯——由鵝湖會各自所作的詩文中傳達了互異處，象山的詩文為：

　　　　墟墓興哀宗廟欽，斯人千古不磨心；
　　　　涓流積至滄溟水，拳石崇成泰華岑。
　　　　易簡工夫終久大，支離事業竟浮沈；
　　　　欲知自下升高處，真偽先須辨古今。

　　鵝湖之會後三年，朱子和前詩為：

　　　　德義風流夙所欽，別離三載更關心；
　　　　偶扶藜杖出寒谷，又枉藍輿度遠岑。
　　　　舊學商量加邃密，新知培養轉深沉；
　　　　只愁說到無言處，不信人間有古今❸。

　　雙方對德性修養工夫的入手處呈現尖銳對立的見解，〈象山年

❷　見《宋元學案》，同❶，一二，〈晦翁學案〉及《象山全集》卷三六，頁五
　　○一。
❸　《象山全集》，卷三四，頁四二八，卷三六，頁四九七。

譜〉謂：「二陸之意，欲先發明人之本心，而後之博覽，朱以陸之教
人為太簡，陸以朱之教人為支離。❹」這段評語猶如前述黃宗羲的
案語，對朱陸之間的異處所做的評語不能說不客觀，然而我們若對
兩人之異處做深層的哲學意含考察，則可發現「尊德性與道問學」
之別、「太簡與支離」之責皆係基於雙方根本哲學立場為背景所發的
評議，換言之，我們若對兩人思想追根究底，將可發現造成兩人的
根本差異處在於朱子「性即理」與象山「心即理」之基本哲學命題
的不同。形成差異的原因，除了由象山與朱熹的個人生命才性與氣
質之不同，可得到部份解釋外，主要係兩人所體認的本體觀與所衍
生的心性論迥然不同所致。因此，本章試由朱熹基於理氣論所衍生
的心性觀，象山天、理、心、性統貫為一的道德形上觀，說明兩人
各自所持的哲學立場與脈絡為背景，再由兩人對對方的批判中，解
析兩人各自對尊德性與道問學孰為先，及人心和道心之分是否有意
義等問題所持的理由，最後則扼要陳述與評論雙方在太極圖說之爭
中所持的論點及得失，藉以澄清朱陸論學的關鍵所在，期能對兩人
所爭辯的問題達到如實的和同情的理解。

二、朱子理氣論下之心統性情的心性觀

　　朱熹（元晦，1130-1200）在理學家中頗具學者的性格，對學
問的本身富有極廣泛和濃厚的興趣。他在儒學方面不但遠承先秦及
兩漢，且接受了北宋五子許多重要的學說。在他濃厚的學問興趣及
漫長的治學工作中，不但攝取了諸儒的學說內涵，而且將之納入他
兼容並蓄的理論架構中，形成了他特有的規模龐大，內容多元化的

❹　《象山全集》，卷三六，頁四九八。

思想體系。從他理學的架構形式來考察，我們發現他是透過《大學》
格物致知的基本格局，從程氏洛學的規模處逐步擴大，把周濂溪、
張載的本體論與程明道、程伊川的心性修養工夫論結合起來，再添
上他自己增入的讀書方法，綜攝成博大而細密的學問體系。

　　朱子的心性論主要是以二程的學說為出發點，特別是參照伊川
的觀點。因此，朱子在處理儒家所傳下來的心性論時，其問題係孟
子德性主體的性善論，可是在處理問題的態度上，則轉化主體性的
自覺內證式為客觀的分析、辯證。換言之，在心態上由實存的自我
反省，轉換成以認知推理的知識探討方式把心性的實存化約為一對
象化、客觀化的知識問題。因此，朱子不是以德性生命所流行發用
時的德性心來證驗孟子的人性課題，而是以荀子式的虛靜心，亦即
認知主體的認知心來處理孟子德性心的問題。如此一來，朱子雖見
孟子對人性解釋的高明處精彩處，卻不見其平實處周全處及較為抽
象的形上根據。因此，朱子評孟子說：

> 孟子說得麤，說得疏略，孟子不曾推原源頭，不曾說上面一
> 截，只是說成之者性也。（《朱子語類》卷四）

顯然地，朱子不滿意孟子就眼前現成的人言人性，而不能進一步追
根究底，往上探求其形上的依據。朱子的不滿實有鑒於二程能追源
於天命以言人性，例如伊川說：「生之謂性，止訓所稟受也。天命之
謂性，此言性之理也。」❺
　　再者朱子認為孟子說得「疏略」的原因，係因孟子只就人性之
超越處、價值處言性善，對惡的問題只浮光掠影地提到，未能於人

---

❺　《二程遺書》，卷二四，伊川先生語。

性的結構上容受荀子對人之自然情欲生命的描述，朱子批判地說：

> 性是理，然無那天氣地質，則此理沒有安頓處。孟子之論盡是說性善，至有不善，說是陷溺。是說其初無不善，後來方有不善耳。若如此，卻以論性不論氣，有些不備。卻得氏說出氣質來接一接，便接得有首有尾，一齊圓備了。(《朱子語類》，卷四)

朱子對孟子未能在人性的構造層面上，解釋人在經驗事實上反映的不善之根由，而只以陷溺於物欲來簡化這一問題頗為不滿。他認為只論究人性結構的某一層面，雖是極具價值的最高層面，這對客觀的完整人性而言是有所欠缺而不夠完備的。朱子的這點批評，考察原由，除了遠承荀子之見外，近則受二程的影響很大，蓋程明道曾說：「善固性也，然惡亦不可不謂之性也。」❻伊川說：「性出於天，才出於氣。氣清則才清，氣濁則才濁。……才則有善有不善，性則無不善。」❼二程皆嘗試由「性」言「善」，由「氣」言「惡」，二者兼談，才能深究人的超越特質，亦才能把人性做完整的解釋，所謂：「論性不論氣不備，論氣不論性不明。」❽二程的人性觀對朱子的啟示很大，朱子也朝著性與氣的雙重論性格局開展、發明其對人性內在構造的解析。他所謂的「理」乃是從二程的本源之性或天命之性接引出來，而其所謂的「氣」則從二程的稟受之性或氣質之性發展而成。朱子在正視人性的負面現象下，對人性做層層的考察，

---

❻　同❺，卷一。

❼　同❺，卷一九。

❽　同❺，卷六。

終成就了他心統性情之平實而細密的心性論。茲扼要紹述於下。

朱子云：

> 人之所以生，理與氣合而已。天理固浩浩不窮，然非是氣則
> 雖有是理而無湊泊。二氣交感，凝結生聚，然後是理有所附
> 著。凡人之能言語、動作、思慮、云為，皆氣也，而理存焉。
> （《朱子語類》卷四）

朱子將其本體宇宙論的基本概念——理氣說，延伸至對人所以生的
天命本源處來解釋人性的根據。他認為人的「言語、動作、思慮、
云為」等生命活動能力，係由構成人生命之一大成素——「氣」所
發動而成作用的。朱子「氣」概念是用來解釋陰陽的性質，「氣」的
作用須依循「理」的規範才能在一秩序下運作。「理」既為能活動的
氣之究極根據，朱子用以解釋「太極」。太極與陰陽對等於理與氣，
朱子進而以《易經》：「是故形而上者謂之道，形而下者謂之器。」❾
的形上和形下範域之相互關係來賦予理氣新的概念內涵，他說：

> 天地之間，有理有氣。理也者，形而上之道也，生物之本也。
> 氣也者，形而下之器也，生物之具也。（《朱子文集》卷五十
> 八）
> 理與氣而言，陰陽氣也。一陰一陽則是理矣。（《朱子語類》
> 卷七十四）
> 太極只是一個理字。（《朱子語類》卷一）

---

❾ 《易經·繫辭上傳》，第十二章。

「理」被劃屬於形上範域，「氣」則歸屬到形而下的範域。「理」本身不具形而下的活動義，卻是陰陽所以動靜的形上規範。理與氣的關係是相即不離，亦不相雜亂的❿。朱子把他這樣的本體論運用於解釋人的心性構造，他說：「性猶太極也，心猶陰陽也。」⓫在這一背景下，我們可以進一步去瞭解朱子的心性關係說。依前述，人的生命係由理與氣的結合而來，理與氣又是相依並存的不可離間關係。因此，對朱子而言，凡生成的具體之人皆同俱理與氣，然而「人物之生，天賦之以此理，未嘗不同。」⓬人與人之間在天所命賦之形上的所以然，亦即人之所以為人的理上，共享有普遍的同一性。這是人與人之間能相互認同的先驗基礎，亦即人之「共相」。可是在另一方面，人與人種種的個別差異是不可否認的事實，朱子則透過宇宙能生成變化萬物的憑據──「氣」這一質料要素來解釋了。他說：「二氣五行，交感萬慮，故人物之生，有精粗之不同。自一氣而言之，則人物皆受是氣而生。自精粗而言，則人得其氣之正且通者，物得氣之偏且塞者。惟人得其正，故是理通而無所塞。」⓭這是以人物的氣稟之不同來解釋人與物所以為不同的存在類別，人得氣稟之精，亦即氣之「正且通者」，因此「理通而無所塞」，故人有靈覺能感通能反省，朱子以心的靈明覺知這一特質指認其來自於氣之精，他說：

　　心者，氣之精爽。(《朱子語類》卷五)

---

❿　《朱子太極圖解》。

⓫　《朱子語類》，卷五。

⓬　同⓫，卷四。

⓭　同⓫。

　　靈處只是心，不是性，性只是理。（同上）

　　理是一個淨潔空闊的世界，無形跡，他卻不會造作，氣則能
　　醞釀凝聚萬物也。但有此氣，則理便在其中。（《朱子語類》
　　卷一）

　　由朱子理氣不離不雜的關係來看，由氣之精爽所成的是「心」
以及只是理的「性」，則心與性當為不離不雜的關係，但是心不等於
性。再者，心之靈處在其能行知覺、認知及意志作用，「性」只是純
淨的靜然存有。能活動的是心不是「性」，「性」只不過是心活動所
當依循的當然法則。因此，在心的發用應該如理合道的要求下，心
當認識理。居敬窮理是朱子德性修養的工夫，唐君毅先生對心之窮
理一事，說過一段極具參考價值的話，他說：「朱子所謂格物窮理之
事，實當自三面了解：其一是：吾人之心之向彼在外之物；二是：
知此物之理，而見此理之在物，亦在我之知中；三是：我之『知此
理』，即我之心體之有一『知此理』之用。」❹

　　在格物窮理中，心為能知者，理或性為所知者。換言之，心發
用其靈覺的認識作用，以理或性做為被認知的對象。然而朱子的認
知心，係以其所應對的外在經驗事物為認知活動的起點和對象，他
說：

　　聖人只說格物二字，便是要人就事物上理會。且自一念之微
　　以至事事物物，若靜若動，凡居處、飲食、言語無不是事，
　　無不各有個天理人欲，須是逐一驗過。（《朱子語類》卷十五）

❹　見香港《新亞學報》，第八卷，第二期，頁一一〇。

格物二字最好，物謂事物也。須窮極事物之理到盡處，便有
一個是，一個非。是底便行，非底便不行。凡自家身心上皆
須體驗一個是非。（同上）

心所要窮究的對象是人與外物交際時所產生的心思意念和種種的言
行舉止，亦即切己的日用生活之一切關聯事物。心窮究這些事物所
要達到的目的是，由「自家身心」上判斷出個瞭然的是非。然而在
朱子的理論系統裏，性即理，心屬氣，理氣不離亦不雜，因此，理
雖不根於心，卻是不離於心的。心對於不離心而獨存的理之認知，
不是內在直悟的方式，而是藉其對外物的應酬，窮究出其中的所以
然及當然法則。心在運用其靈覺，理解出外物的同時，也開顯了內
在於生命中原不離心的理。朱子說：「此心虛明，萬理具足，外面理
會得者，即裏面本來有底。」⑮「物與我心中之理，本是一物，兩
無少欠，但要我應之耳。」⑯換言之，不離心而獨在的性理，必待
心對外物格出所以然及所當然的法則時才顯豁。因此，對心而言，
窮理之事雖求諸外，實則為明諸內的知性之事。

　　心雖能窮出性理，卻不必然能依性理而發出行為。朱子說：「性
是未動，情是已動，心包得未動已動。蓋心之未動則為性，已動則
為情。所謂心統性情也。」⑰心以靈覺來感應外物時，若能依性理
而發用，則性善，行為亦善。若不能依循性理的規範，卻本於氣稟
而發用時，則心依其氣稟的清濁純駁之差異，而有善惡之別，他說：

⑮　《朱子語類》，卷一一五。

⑯　同⑮，卷一二。

⑰　同⑮，卷五。

心之虛靈知覺，一而已矣。而以為有人心、道心之異者：則
以其或生於形氣之私，或原於性命之正，而所以為知覺者不
同；是以或危殆而不安，或微妙而難見耳。於人莫不有是形，
故雖上智，不能無人心。亦莫不有是性，故雖下愚，不能無
道心。二者雜於方寸之間，而不知所以治之，則危者愈危，
微者愈微。而天理之公，卒無以勝夫人欲之私矣。（〈中庸章
句序〉）

朱子藉道心與人心的緊張關係❸，解釋心主於身以感應事物，若心
覺於飢寒痛癢……等形氣之私而有所營為謀慮，處處為自己打算，
不知體諒別人時，則性理受障蔽，表現出來的具體行為就是惡，若
心能覺悟於惻隱、善惡、是非和辭讓，依順此先天的、大公無私的
性理隨機遇發見，則道心表露而實現了善。

　　就現實存在的人而言，其內蘊之性皆為與氣已結合的氣質之性。
心既聯繫靜態之「性」與動態之「情」的中樞，然而心由氣所組成，
氣有障蔽性的可能，此即心覺於血氣情欲之私而流落到惡的地步。
如何教心在格出理後，能向內外合一的理，亦即性理認同，以它為
言行的規範，則繫於道德意志的凝斂，朱子稱為「居敬」的工夫，
他說：

---

❸　朱子強調道統觀念，他認為道統傳授的依據，則在《尚書‧大禹謨》所
　　載：「人心惟危，道心惟微。惟精惟一，允執厥中」這十六字訣，朱子之
　　前的北宋理學家少談人心道心之別，程伊川曾以私欲言人心，天理言道
　　心，但是缺乏進一步的討論。

敬字工夫，乃聖門第一義。徹頭徹尾，不可頃刻間斷。(《朱
子語類》十二)

「敬」是護存此心此性，確保此心此性的發用和實現。「敬」的工夫
是朱子承繼伊川「涵養須用敬，進學則在致知。」的修養法。伊川
以敬為整肅精神，時保靈明達理的閑邪工夫。朱子除了接受伊川的
觀點外，還強調心當對外物格出圓熟的義理，因而，在德性修養的
工夫上主張「居敬窮理」❶。

三、象山統貫天、理、心、性為一的道德形上觀

陸象山不從經驗界物我之主客對立關係上解析人性。換言之，
他不像朱子就實然生命氣稟物欲之雜處言靈覺之心。象山溯本歸源，
站在人性至上的本體層面，就人之主體性所在處言心性。因此，他
所認取的心性是發動人整體生命活動之根源性動力所在。他既由此
具主動動力之形上實有處把握人之真實性命，則人性中其他層面的
分析性描述皆屬次要，這一超卓的觀點，可由他與李伯敏的一段對
話處得見：

---

❶　「敬」是先秦儒家在做了自身道德的覺醒後，才產生的修身方法概念，千
年以後的宋儒多承繼《論語》及《禮記》「毋不敬」之義。北宋二程特別
注意到對這個概念的解釋。尤以伊川「主一之謂敬」的釋義對朱子影響很
大，朱子不但以「敬」字貫穿靜態的性與動態的情，且統攝心的內在收斂
與外在格物窮理工夫，他說：「敬義只是一事。如兩腳立定是敬。」(《朱
子語類》，卷一二)。

> 伯敏云：如何是盡心？性、才、心、情如何分別？先生云：
> 如吾友此言，又是枝葉；雖然，此非吾友之過，蓋舉世之弊。
> 今之學者讀書，只是解字，更不求血脈。且如性、情、心、
> 才，都只是一般物事，言偶不同耳。(《象山全集》卷三十四)

象山認為對構成人性內涵之諸般層面做平實的分析和解說，只是「解字」之屬，對人的見地亦屬枝葉而未到實處。所謂「舉世之弊」指這般對人性的見識在當時有很大的影響力，此處，象山似暗責朱子。蓋朱子曾以水做比喻，把心、性、情、才、欲串連起來，澄清其間的性質、機能和相互關係❷。所謂「血脈」指吾人對人性當有真切的實見，亦即應該從人之為人的超越特質處，也就是能生發人之尊嚴和價值處指認人的本質。象山這一指點無非是教人應從切己的生命主體處做徹底的自覺和自悟。

勞思光教授認為象山的人性觀不是採取一般存有論的講解方式，即語言文字對「存有」本身蘊含之各別指涉，需確定語意所在。象山的人性觀係開門見山地指向做為人生命根底的主體處。因此，從現實的平面處所見的生命諸般機能和活動，樣態雖不同，然而若由多樣性的作用中向究極的根源處逆顯主體性，則一切解析性的言說只是指向成全「主體自覺」之顯發為目的❷。然而，象山所追尋的主體終極本性是有其超驗的形上根據和意義的。在其苦心孤詣地

---

❷ 朱子對心、性、情、才、欲的解析和比較，見諸《朱子語類》卷五及《朱子全集》，卷四三。

❷ 勞思光先生《中國哲學史》第三卷上冊，頁四一九，香港友聯出版社，1980 年十二月再版。

窮究宇宙與人生之根源後，終悟出「宇宙便是吾心，吾心即是宇宙。
東海有聖人出焉，此心同也，此理同也。西海有聖人出焉，此心同
也，此理同也。……千百世之上，至千百世之下，有聖人出焉，此
心此理，亦莫不同也。」❷象山把時間的無限綿延性及空間無窮的
擴延性，透過德性心藉不同的人物與事情之無限展露，形著通化於
心靈的範疇中，所謂：「墟墓興哀宗廟欽，斯人千古不磨心。」❸在
心學家中，象山是第一位以超驗的德性本心為超越的形上思維之絕
對依據和出發點，徹悟「惟精惟一」的本心與生生不息的宇宙同根
同源，從而就飽滿的宇宙情操發揮心的形上義者。

　　象山將心與理，天與人一以貫之地統合於充塞宇宙的形上之道
上，道成為連繫天人，通合內外的整體性存有。道在宇宙化育流行
的層面而言稱為「陰陽」，道就人的存有內涵而言，則稱為具仁義的
本心。道是遍在宇宙，統貫天人的統一之理。因此，從人的生命本
位來統攝宇宙，當簡易直捷地歸宗於體驗本心的奧妙，象山「心即
理」這一絕對命題就是從扣緊本心做綿密的內聖體驗所頓悟出來的
慧見。他說：「宇宙間自有實理。所貴乎學者，為能明此理耳。」❹
象山的心為本心，本心所涵具的理為實理，「實理」係指有內容，能
對外感遇且發用以回應的實有。象山以孟子德性心所顯露的惻隱、
是非、羞惡和辭讓等實然之內在生命活動的四端，指認天所命賦予
人心的普遍內容。

　　透過心即理的徹悟，象山泯滅了人與天，主客對立關係的間隔，
徹上徹下地將天與人貫通同流，相互包容，「宇宙不曾限隔人，人自

❷　《象山全集》，〈年譜〉，十三歲條，頁四八九。

❸　同❷，卷三四，頁四二八。

❹　《全集》，卷一二，〈與趙詠道書〉。

限隔宇宙。」❷❺「滿心而發，充塞宇宙，無非此理。」❷❻這兩句話係他經歷對人性層層深刻體驗而悟出的奧義，把天人關係的統合，密縫得毫無間隙可言。於是，天人合一化的返本歸源活動，成為體現人之生命的充實感和無限價值感的不二法門。

依據象山天人性命貫通為一的形上體悟，「心之體甚大，若能盡我之心，便與天同。」❷❼然而在現實生命層中，一般人的本心常易有所蒙蔽而與天相隔間。據象山的觀察，有的人被物欲所陷溺而被蒙蔽，有些人則因執於經驗知識而被蒙蔽❷❽。本心本理雖受蒙蔽，卻不因而消失，它只是被隱埋成潛在的存有而不易發用罷了。象山說：「此理在宇宙間，何嘗有所礙？是你自沉埋，自蒙蔽；陰陰地在個陷阱中。」❷❾因此，只要迷途知返，存得此心仍可明得此理。明得此理，則本心復靈明發用了。

他藉用《易經》的〈復卦〉來申述其返復本心之意，他說：

> 復者，陽復，為復善之義。人性本善，其不善者遷於物也。……循吾固有而進德，則沛然無他適矣。故曰：復，德之本也。知復則內外合矣。（《全集》卷三十四，頁四一六。）

然而，對習於藉經驗知識來認識人的學者，如何覺醒其自我意識，

---

❷❺　《全集》，卷三四，傅子雲季魯編錄，頁三九九。
❷❻　同❷❺，嚴松松年錄，頁四二三。
❷❼　《全集》，卷三五，頁四四七。
❷❽　象山認為彼時知識份子中，一心想考科舉圖謀利祿者被利欲所蒙蔽，像朱子想透過格物窮理以修成聖賢者，則本心被經驗知識所蒙蔽。
❷❾　《全集》，卷三五，頁四五五。

從本心的靈覺感通處來返識超驗的真我呢？象山提出「剝落」的工夫來，他說：

> 人心有病，須剝落一番……即一番清明，隨後起來，又剝落，又清明，須是剝落得淨盡方是。（《全集》卷三十五，頁四六二。）

「剝落」指辨明有關人的知識，何者為透過認知活動，從書本或經驗界的見聞所攝取而得的概念知識。何者為本心發用時所切己體悟出來的內在實理。因此，「剝落」是暫時推開經驗之知，返識生命先驗實存之此心此理之正本清源的工作。換言之，象山所追求的學問，不是據「書」中所有來談學問，而是就清明的「本心」所含，自悟自得生命的實理。

四、觀朱子對象山的批判

就朱陸的學問氣度而言，朱子對知識富有濃厚的研究興趣。他的學問格局廣，容量大，擅長於概念的分析及理論的系統化建構。因此，以學問家的心態來看象山主體內悟型的心學見解，不但難以契應融會，且生不少批判性的責難。朱陸鵝湖會之前，朱子在寫給呂伯恭弟呂子約二封信中曾說：「陸子靜之賢，聞之蓋久。然似聞有脫略文字直趨本根之意，不知其與《中庸》學、問、思、辨然後篤行之旨又如何？」「近聞陸子靜言論風旨之一二，全是禪學，但變其名號耳。競相祖習，恐誤後生。恨不識之，不得深扣其說，因獻所疑也。」 ❸ 這是朱子與象山會面前，據傳聞而生臆測之評。

後經呂東萊的安排朱陸於今江西廣信的鵝湖寺會面，這些論學
的詳情未載於朱子之文集語錄，僅見於〈象山年譜〉三十歲條，其
中述及二人對心性的修養方法：「元晦之意欲令人泛觀博覽而後歸之
約，二陸之意欲先發明人之本心而後使之博覽。朱以陸之教人為太
簡，陸以朱子教人為支離。此頗不合。」朱子何以認象山的教法太
簡，吾人可由他回其友張南軒 (1133–1180) 的信中，可見到進一步
的解釋：

> 子壽兄弟氣象甚好，其病卻是盡廢講學，專務踐履，卻於踐
> 履之中，要人提撕省察，悟得本心，此為病之大者。要其操
> 持謹質，表裏不二，實有以過人者。惜乎其自信太過，規模
> 窄狹，不復取人之善，將流於異學而不自知耳。(《朱子文集》
> 卷三十一答張敬夫二十一書之第十八書)

由朱子的觀點而言，象山的可取處在於「直趨本根」、「操持謹
質，表裏不二」。因此在尊德性的實踐上，的確有持守可觀之處。在
教導後學上，則「其所以發明敷暢則又懇到明白，而皆切中學者隱
微深錮之病」❸❶朱子據觀摩象山的教法來檢討自己的缺失時，頗有
自知之明，自謂：「熹自覺雖於義理上不敢亂說，卻於緊要為己為人
上，多不得力。今當反省用力，去短集長，庶幾不墮一邊耳。」❸❷
然而，象山的基本缺點亦在「盡廢講學」。

---

❸⓿ 前句見於《朱子文集》，卷四七答呂子約二八書之第十五書，後句則見於
　　第十七書。

❸❶ 《朱子文集》，卷八一，〈跋金谿陸主簿白鹿洞書堂講義後〉。

❸❷ 《朱子文集》，卷五四，〈答項平父八書〉之第二書。

　　朱子對象山「盡廢講學」之評，有欠公允，蓋象山從其全集的用辭觀之，他對先秦儒家的典籍下過熟讀的工夫。然而其教法太簡則為事實，例如其對門人陳正己首尾一月只教以辨志一事，當時也有人批評他說：「除了先立乎其大者一句，全無伎倆。」❸❸從朱子看來，象山失之太簡的原因，除了「專務踐履」外，就是「自信太過」、「不復取人之善」。蓋象山視「心即理」為一絕對命題，將人的生命活動全收縮內求於本心，憑此即可堂堂正正地做個人。其以內在本心的體證視為充分自足，將道德概念的分析，道德原理的推演等學術工作斥為閒議論的意見。朱子頗不以為然地說：

> 子靜舊日規模終在，其論為學之病，多說如此即只是意見，如此即只是議論，如此即只是定本。熹因與說，既是思索，即不容無意見。既是講學，即不容無議論。統論為學規模，亦豈容無定本。但隨人材質病痛而救藥之，即不可定本耳。渠卻云：正為多是邪意見、閒議，故為學者之病。（《朱子文集》卷三十四答呂伯恭四十五書之第四十四書）

　　蓋立乎其大只表示存養本心之純正，貞定道德活動的價值方向。然而道德事件常是主體在客觀環境裏的際遇和回應，對外在境遇之理解以照察不謬乃理智的格物窮理工作，對本心之發用有補助的功用，自屬必要。因此，道德知識的研討在學術上有其存在的價值。再者，人之秉賦和經驗有差異，在生活中又積漸成習，要求人人回歸本心當下自覺自悟，在事實上亦非樂觀。因此，以知識的分析、批判、推演……來開導、說服和責成受教者的漸教方式，對大多數

❸❸　《象山全集》，卷三四，頁三九九。

的中下人士乃屬必要。象山若只預設自覺自悟一途，且以閉塞的心胸不予人做學術研討溝通的機會，難免落朱子「自信太過，規模窄狹，不復取人之善」的批評。

　　進一步而言，象山人性論雖有見於人性的超卓處，卻不能正視氣稟之雜。雖有識於心之德性蘊涵，卻不能充分理解心之析辨義理的認識能力對本心的體悟有辯證之功用。朱子批評地說：「識義之在內者，然又不知心之慊與不慊，亦有必待講學省察而後能察其精微者，故於學聚問辨之所得皆指為外，而以為非義之所在，遂一切棄置而不為。此與告子之言雖若小異，然則百步五十步之間耳。」❸❹蓋理性辨物析理愈精確，則有助於本心的切己觀省，做人的大道理不是本心一次可頓悟全明的。生活經驗的累積，加上「學聚問辨」之工夫皆有益於一般人依認知步驟，循序漸進，由淺入深，由近趨遠，終有助於異質的跳躍，促成本心的頓悟。

　　至於朱子指責象山「將流於異學」，係指不立文字，以心傳心的禪學。朱子對象山多指責為禪，主要原因繫於象山立乎其大，過份側重在心性上的持守工夫，對道問學之事則疾言厲詞地斥責。象山心學與理學究竟有何關係？我們將於下一章探討。

五、觀象山對朱子的批判

　　前面紹述象山心性觀處，對象山視朱學為議論或意見的虛學已陳述部份批評。在鵝湖會中，象山評朱子的教法流於支離。所謂「支離」係指朱子在窮理上用工夫與德性本心的發用無本質上的必然性，甚至有不相干的歧出之弊。蓋象山誨人深切著明者在求放心，不以

---

❸❹　《朱子文集》，卷五四，〈答項平父八書〉之第六書。

言語文字為意，所謂：「困於聞見之支離，窮年卒歲，而無所至止。」 ❸他認為為學要有志氣，即在堂堂地做個人。學者欲達成此一至上目標，則為學當求血脈處、骨髓處，亦即在德性本心上用力，以覺醒德性本心為大前提。成德之教當認此本源，以之為出發點而求實現它，並以圓滿化本心的實踐為生命活動的根源性目標。

　　因此，象山在處理知識與道德的關係時，力主尊德性對道問學享有一邏輯的先在性。他得聞朱子答項平甫函，自謂道問學多而擬去短集長以免流於偏失時，其評語是「朱元晦欲去兩短合兩長，然吾以為不可。既不知尊德性，焉有所謂道問學？」 ❸知識與道德之間蘊結一主從關係，道德為主，知識為從。確立此義則為人之學方有所本，以成就德性心為本之知識的出發點才確切有根，知識發展的方向在本心的目的意識下才不致流失，而由本貫末（知識）才是攝知成德的實學。象山此義頗能契合孔子在《論語》中所謂：「知及之，仁不能守之，雖得之，必失之。」（〈衛靈公〉）的蘊義。

　　朱陸心性論的不同在於立足點的差異，朱子以客觀完備的人性內涵為其解析的知識對象。象山則以主體本心的鮮活體驗為出發點，為德性生命開源暢流，以成就切己實感的主觀心性體證為目標。由朱陸心性論所開展出來的實踐工夫亦有見智見仁之不同。雙方的相互批評使道德與知識的關係得以照明，獲致一辯證性的發展。在知識與道德結合成一整體性的發展中，我們欣見朱陸之學各有貢獻，也互顯其不足處。如何面對這一前人的哲學資產辨取其長，互補其短，使儒家哲學走向更趨完備和高明的理想？筆者認為銳利的分析以辨微察異固屬必要，然而培養包容和會的哲學胸襟以接納各家長

❸　《象山全集》，卷一，〈與侄孫濬書〉，頁一三。
❸　《象山全集》，卷三六，〈年譜〉四十五歲條，頁五〇一。

處，成就圓融貫通的整全哲學，則更當為吾人今後努力的方向。在此，謹以黃宗羲的一段按語來做本節結語，黃氏說：「二先生同植綱常，同扶名教，同宗孔孟，即使意見終于不合，亦不過仁者見仁，知者見知，所謂學焉而得其性之所近，原無有背於聖人，矧夫晚年又志同道合乎。」 ❸❼

六、太極圖說之爭

據當代著名學者陳榮捷先生所作〈朱陸通訊群述〉一文 ❸❽，精詳地考究出朱陸相互往來的二十一封信中，以針對朱子引周濂溪「無極而太極」思想於《近思錄》中所激發的爭辯最著名。觀兩人往來的重要信函，計有淳熙十五年戊申十一月八日，與淳熙十六年己酉正月，朱子給象山的兩函，及淳熙十五年象山予朱子的兩函。朱陸「無極而太極」的爭議可溯源於淳熙十三丙午年及十四丁未年，朱子答象山及梭山質疑的二函 ❸❾。

俟象山接續其兄的《太極圖說》爭辯，與朱子書信往返地論辯幾近萬言，為簡便計，今參考勞思光先生所條列出來的雙方主要論點 ❹⓿。再稍加整理、陳述如下，再據以作綜合性的評論。

---

❸❼　見《宋元學案》，〈象山學八案〉宗羲案語。

❸❽　此文原載《華學月刊》第六十一期，今收入陳榮捷《朱學論集》一書，臺灣學生書局，1982 年四月初版，頁二五一～二六九。

❸❾　陸子美（梭山）曾致函朱子疑《太極圖說》非周濂溪所作，朱子亦回覆二函。

❹⓿　見勞思光《中國哲學史》。香港友聯出版社，1980 年版，第三卷，頁三七九～三八三。

㈠象山的主要論點

1.據朱震所說,「太極圖」源自道士陳希夷（搏）,象山認為「希夷之學,老氏之學也」,「無極」二字出於《老子‧知其雄》章,「太極」既指「究竟至極」,則不必加「無極」兩字於其上,周濂溪將「無字搭在上面」（因老子常先言「無」,後言「有」）是老氏之學。因此,象山勸朱子「莫作孟子以下學術」,無須為「無極」二字分疏。

2.周濂溪的《太極圖說》與其《通書》不合,與二程言論亦不契,朱子極力尊信《圖說》,實不合《通書》中周氏立場,亦不合二程思想。

3.象山引《易經》〈繫辭傳〉中「形而上者謂之道」及「一陰一陽之謂道」二語,謂「陰陽」已是「形而上」,「況太極乎」?縱不言「無極」、「太極」亦不至如朱子所言,謂濂溪恐人「錯認太極別為一物」,故加「無極」二字。

4.象山認為朱子所謂「無極即是無形」,則是以「形」字釋「極」字。「極」字不能釋為「形」,應訓為「中」;然而如此則言「無極」猶言「無中」,更難成立。此外,「極」、「中」、「至」均異名同實和同理,不必以字義拘限。

㈡朱子答覆的主要論點

1.文王不言「太極」而「孔子言之」;孔子不言「無極」而「周子言之」。所謂「夫先聖後聖,豈不同條而共貫哉!若於此有灼然實見之真體,則知不言者不為少,而言之者不為多矣。」❹

---

❹　見《朱子文集》,卷三六及《宋元學案》,卷五八所引。

2.《通書》之〈理、性、命〉章，以「一」指太極，以「中」指氣稟之得中，為五性之一。故此「中」字不指「太極」而言。再者，「太極」是「究竟至極」之意，「極」字只應釋為「至極」；昔人以「中」訓極，只是引申義，「太極」由「至極」之義而得名，兼有「標準之義」，不以「中」而得名。故不能以「中」訓「太極」，謂象山以「中」訓「極」，以「陰陽」為形而上者，係不明「太極」之理。

3.《易經》〈繫辭傳〉並非真以「陰陽」為「形而上」，只是指「所以一陰而一陽者，是乃道體之所為」「陰陽，是形器，其理方是道」。象山直以陰陽為形而上者是昧於道器之分。

4.「易有太極」之「有」字，非指「有定位」、「有常形」而言，象山不應誤解，導致與「無極」之「無」相衝突。同時「無極而太極」之「而」字不表示先後，只是「就無中說有」。

5.老子「無極」二字是「無窮」之意，與濂溪不同。同時，老子以「有無」為「二」，濂溪以「有無」為「一」，二者不同。

綜觀兩人所持論點，互有得失，在朱子以「究竟至極」之意釋「太極」可謂無誤。然而「太極」為形上的根本原理，具備多方涵義，「中」亦具最後的標準義，似不應排斥象山以「中」釋「太極」。象山亦不宜刻板的因朱子言「無極即是無形」而認定朱子以「形」界說「極」，此其一。象山指責濂溪《太極圖說》源於道家，與儒家立場不契合，朱子對這一歷史考辨問題未做正面回答。再者象山亦肯認「太極」為形而上的存有，主張不必再加「無極」來狀述太極「無方所、無形狀」的超越性，而有疊床架屋之嫌。朱子反覆原初的理由，了無新義，似未能對應象山的詰問，這二處朱子頗不切題。當為其失，此其二。

象山以陰陽為形而上的存有較近存有論的原理，朱子把陰陽視為形器，僅將「所以一陰一陽者」視為形而上的道，頗不妥當。若陰陽視為形而下的形器，則何以能解釋為內在於萬物中的普遍原理？依筆者個人之見，朱子似將《易經》〈繫辭上傳〉十二章的「形而上者謂之道，形而下者謂之器」與第五章的「一陰一陽之謂道」合在一起做一解析式的區分。他把形而上的「道」對應為「一陰一陽」的所以然，將陰陽對應為形而下的「器」。因此，象山扣緊朱子這一不貼切的存有論解釋批評著說：「直以陰陽為形器而不得為道，此尤不敢聞命。易之為道，一陰一陽而已……何適而非一陰一陽哉？奇耦相尋，變化無窮，故曰：『其為道也屢遷……是以立天之道，曰陰與陽。』……『今顧以陰陽為非道而直謂之形器，其孰為昧於道器之分哉？』」❷此其三。

朱子對「易有太極」之「有」字的含義所做的辯解和「無極而太極」之「而」字的解釋堪稱允當。他對老子和周濂溪的「有無」概念所做的分辨亦頗有理，這幾個地方對象山的異議具有實質性的澄清效果，此其四。

朱子在學術研究的立場持先聖雖未言，後學者如能發創見之論，且先後之間有「同條而共貫」的脈絡關係，則當尊信而採納之。朱子這種唯真理是從，理性是依的知識態度，實較象山緊守一特定學派的心態為寬厚和開明，這是我們當認同於朱子者，此其五。

朱子指責象山誤解周濂溪《通書》、〈理、性、命〉章裏「中」的指義為「太極」，朱子則釐清為氣稟之發而得中的「中」義，此「中」乃五性之一，衡之以該書的文字理脈，《通書》〈師章〉謂：「或問曰：曷為天下善？曰：師。曰：何謂也？曰：性者，剛、柔、

❷　《象山全集》，卷二，〈與朱元晦第二書〉，頁二九～三〇。

善、惡、中而已矣。不達曰：剛善、為義、為直、為斷、為嚴毅、
為幹固；惡為猛、為隘、為彊深。柔善為慈、為順、為巽；惡為懦
弱、為無斷、為邪佞。惟中也者，和也，中節也，天下之達道，聖
人之事也。「故聖人立教，俾人自易其惡，自至其中而止矣。」依通
書則柔、善、惡、中皆是性，因此，「中」係此處所指的五性之一。
至於何謂「中」，則濂溪此處借用《中庸》的「發而皆中節謂之和」
來說明，非用「喜、怒、哀、樂之未發謂之中」來解釋所謂：「蓋以
中字是就氣稟發用而言其無過不及處耳，非直指本體未發所偏倚者
而言也，豈可以此而訓極為中也哉！」❹此處的論辯雖與「無極」
無關，但是使我們明顯地看出朱子在文字理脈上的考究精詳，實非
象山所能及，此其六。

　　從前述朱陸的不同學說立場和旨趣觀朱、陸的爭辯，兩人的歧
見實導源於雙方本體論的型態不同，誠如勞思光教授所說：

　　　　朱氏之基本旨趣，在於建立其包含形上學及宇宙論之綜合系
　　　　統；而此系統中之「最高實有」(Ultimate Reality)，乃客體意
　　　　義，故是「存有義」非「自覺義」。……若就陸氏之方向說，
　　　　則「太極」為萬化之本尚可接受，但若加一「無極」，則即與
　　　　自覺心之本性相違。「主體性」不能說「無」也❹。

　　依象山本體論立場，他所側重的理，乃是吾人本於日用常行中，
感遇事物時所自覺到的蘊涵於心內之理，象山心即理的主張是肯認
心同理同的，心與理皆具靈明性和感通性，因此，他反對將理視為

❹　《朱子文集》，卷三六，臺灣商務印書館，1970 年臺一版，頁五一一。
❹　勞思光《中國哲學史》，卷三，頁三八四～三八五。

一離心而自存之客體實有。他以中訓「極」意謂人心居宇宙至中的地位，充塞於宇宙之理會歸於一心，理貫通內外、物我，「宇宙便是吾心，吾心即是宇宙」，他除了與朱子論辯《太極圖說》外，在知荊門軍時，曾率民講〈洪範五，皇極章〉，謂「皇，大也。極，中也。洪範九疇，五居其中，故謂之極，是極之大，充塞宇宙，天地以此而位，萬物以此而育，古先聖王。皇建其極，故能參天地，贊化育。」❹

　　總之，我們若能瞭解象山學術思想的宗旨所在，則我們將更能同情象山與朱子爭辯時所本的立場和意向了。

---

❹　《象山全集》，卷二三，〈荊門軍上元設廳講義〉，頁二八〇。

第十章　陸象山與禪

　　歷來學者非議象山心學為禪學者不少，後人多有因受此見識的影響而視象山為異端，因而未能正視象山心學對儒學的貢獻，殊覺遺憾。指認象山心學為禪學是否為公允之論斷？這一疑惑促使筆者嘗試為文探索，本章擬由引述歷來學者非議象山為禪學之論點；針對其中主要的論點以對比、辨析象山心學與禪學的出入，引述象山本人對儒佛界線的判定等三部分，期能對這一問題做一粗略的處理。

一、歷來學者認象山心學為禪學之梗概

　　歷來學者指認象山心學為禪學者不乏其人。與象山同時代者即有流行的說法，《象山全集》載：(以下簡稱《全集》)

　　先生言：「吳君玉自負明敏，至槐堂五日，每舉書句自問。隨其所問，解釋其疑；然後從其所曉，敷廣其說，每每如此，其人再三稱嘆云：『天下皆說先生是禪學，獨某見得先生是聖學。』」❶

　　所謂「天下皆說先生是禪學」似乎不是誇張的說法，蓋流風所及，連當時的皇上亦有這般認定，據《全集》載：

　　　　讀輪對第二劄，論道。上（宋孝宗）曰：「自秦漢而下，無人主知道。」甚有自負之意。其說，甚多禪。答：「臣不敢奉詔。臣之道，不如此。生聚教訓處，便是道。」❷

---

❶　見《象山全集》，卷三四，門人嚴松松年錄，臺灣商務印書館，1979 年版，頁四二五，以下簡稱《全集》。

❷　同❶，卷三五，門人包揚顯道錄，頁四五。

可見象山活著時，一般輿論視其學為禪學。而當時攻擊象山為禪學最烈者，據資料所見莫過於朱熹 (1130-1200)。朱子說：「伊川之門，上蔡自禪門來，其說亦有差。」，「上蔡說仁說覺，分明是禪」、「上蔡卻說知仁只要見得此心，便以為仁。上蔡之說，一轉而為張子韶（橫浦），子韶一轉而為陸子靜（象山）。上蔡所不敢衝突者，子韶盡衝突；子韶所不敢衝突者，子靜盡衝突。」 ❸ 今擇取朱子攻象山為禪最力之言為證：

> 甲、禪學熾則佛氏之說大壞。緣他本來是大段著工夫收拾這心性，今禪說只恁地容易做去。佛法固是本不見大底道理，只就他本法中是大段細密，今禪說只一向粗暴。陸子靜之學，看他千般萬般病，只在不知有氣稟之雜，把許多粗惡底氣，都把做心之妙理，合當恁地自然做將去。……只道這是胸中流出自然天理，不知氣有不好底夾雜在裏一齊滾將去。(《朱子語類》卷一二四)

> 乙、太極固未嘗隱於人。然人之識太極者，則少矣。往往只是於禪學中認得個昭昭靈靈能作用底，便謂此是太極。而不知所謂太極乃天地萬物本然之理，亙古亙今，擷撲不破者也。(《朱子文集》卷三十六，答陸子靜六書之第六書)

> 丙、金溪之學，只要自得底；若自得底是，固善；若自得底非，卻如何？不若虛心讀書。(《朱子語類》卷一百二十)

> 丁、子靜說話常是兩頭明，中間暗。或問，暗是如何？曰：

---

❸ 《宋元學案》，卷二四，臺灣河洛圖書出版社，1975 年臺影印，(上) 第八冊，頁一五。

是他那不說破處。他所以不說破，便是禪所謂鴛鴦繡出
從君看，莫把金針度與人。他禪家自愛如此。（《朱子語
類》卷一〇四）

其中㈠是關於心性存有本身的觀點。

㈡是關於心的作用。

㈢是瞭悟的方式。

㈣是接引後學悟心的教法。

本文稍後將按此四論點將象山的旨意及禪宗——主要根據南禪
的頓教，做一相互的比較、解析，以對顯出象山心學與禪學的出入
處。朱熹不但從象山上述的論點評其為禪學，甚至以禪學的典籍來
指認，他說：「金溪學問真正是禪。欽夫、伯恭緣不曾看佛書，所以
看他不破，只某便識得他。試將《楞嚴》、《圓覺》之類一觀，亦可
粗見大意。」❹事實上，禪宗挺秀之後，心性之談成為士大夫注目
的焦點，禪書亦為宋代流行的名著，理學家儘管表面排佛，實際上
亦多涉佛書，遊佛寺，交佛友。以象山為例，日本學者久須本文雄
考證象山四十三歲時曾赴廬山遊歷禪剎，五十歲前遊歷新興、翠雲、
資圍、慧照各剎❺。然而象山遊禪剎與其是否好禪無必然的關係，
陳榮捷先生謂：「殊不知遊山玩水，乃我國文人之通俗，並不足為參
禪之證。」❻至於涉佛書，則為象山所承認，他曾說：「某雖不曾看

---

❹　《朱子語類》，卷一二四。

❺　久須本文雄著，彬如譯，《陸子學禪考》（下），《新覺生雜誌》，卷一五，
　　第九期，頁一六。

❻　陳榮捷《王陽明與禪》評日人久須本文雄《王陽明的禪的思想研究》，陳
　　著原載《人生雜誌》，二七卷，十一期。

釋藏經教，然而《楞嚴》、《圓覺》、《維摩》等經，則嘗見之。」❼

　　考察《楞嚴》、《圓覺》二經，於宋代不僅為禪界諸師所盛談，亦為一般世俗所誦讀。其中《楞嚴經》是禪家日用的諷誦經典，《圓覺》、《維摩》兩經亦為所依經典。此外，象山對其他諸禪籍，似亦有涉及，他曾說：

　　　　虎穴魔宮實為佛事，淫房酒肆盡是道場，維摩使須菩提置缽欲去也，乃其極則當是時十地菩薩。（《全集》二卷）

「虎穴魔宮實為佛事，淫房酒肆盡是道場。」其涵義與《楞嚴經》所謂魔界即如佛界也；《維摩經》所謂貪瞋邪見即佛性；《六祖壇經》煩惱即菩提及《大般若經》生死即涅槃相貫通。象山較接近大來禪的看話禪臨濟禪之立場，吾人不能否認他有禪學的素養。

　　至於象山是否曾結交禪師參禪修學，則有數則記載可資參考。宋末周密（字公謹）的《齊東野語》（卷十一）云：「橫達張子韶，象山陸氏子靜，皆以其學傳授。而張嘗參禪宗杲，陸又參杲之徒德光，故其學往往流於異論而不自知。」❽又宋末朱子門人陳淳（字北溪，1153–1217）說：「象山本得於光老。」❾明·崔銑在《楊子折衷》（明·湛甘泉著）序中說：「佛學至達摩曹溪，論轉經截，宋·大慧授之張子韶，其徒德光又授之陸子靜，子靜傳之楊慈湖。」❿

---

❼　《全集》，卷二，〈與王順伯書〉，頁二〇。
❽　此項資料為明·毛晉《津逮秘書》第十五集及明·商璿，《稗海》，第十函所收。
❾　見《北溪集》，第四門，卷一四。
❿　見明，《湛甘泉先生文集》，卷一七。

　　由上述《齊東野語》、《北溪集》及《楊子折衷序》的引句，均謂大慧宗杲授禪學於張子韶 (1093–1159)，大慧之徒德光授予象山。明‧陳建（號清瀾，1497–1567）在其著作《學蔀通辯》中激烈地抨擊陸王皆倡導禪學，於該書中曾引用《齊東野語》及《楊子折衷序》，且在兩文後評曰：「由是觀之，然後知象山養神宗旨皆出於宗杲德光之緒餘，而陸學無復辨矣。」案崔銑係根據陳淳及周密所言，至於陳淳及周密的典據，目前尚難考證出結果。

　　吾人閱讀象山及德光禪師 (1121–1203) 之個人資料似看不出兩人曾直接會面過，若假設性地推斷兩人實際接觸的可能性，我們由德光禪師半生行跡得知，其出家後曾參大慧宗杲禪師，並受大慧印可。乾道三年 (1167) 曾應李侍郎之請，遷至鴻福寺，即今浙江省四明縣，不久轉往天寧寺，四方聞風而至者不少。淳熙三年 (1176) 孝宗命其住持靈隱寺，即今浙江杭縣❶。因此，德光禪師在乾道三年至淳熙三年的十年間，多集中在浙江省四明縣附近弘法，在同一時期的象山則曾入浙江赴試，且曾與諸賢交游過。

二、象山心學與禪學之辨微

　　象山心學究竟是否為禪學?吾人可藉著上述朱子抨擊的四要點，逐一解析和評論：

㈠心性存有的自身

　　首先吾人應澄清「佛性」這一佛家心性論的基本概念，據《哲學辭典》的解釋：

❶　此處資料參考《佛祖歷代通載》，卷二〇。

　　一般解釋，是指佛陀狀態或質素，因此前人推測其梵文原語可能是 "buddhatā" 或 "buddhatva"，意即「佛陀性」或「覺性」。但事實上不然，據現存有梵本對照的《究竟一乘寶性論》考察，「佛性」原語主要為下列三個 ：㈠ "buddha-dhātu"（直譯是佛界），㈡ "buddha-gotra"（佛種姓），㈢ "buddha-dhātu"，著名的《大般涅槃經》中所說的「一切眾生悉有佛性」的佛性原語，可能就是它（參看高崎直道著《如來藏思想の形成》第一篇，第二章）。"dhātu"（界）的原義，有兩解：㈠領域義；㈡本元義。由第一義，"buddha-dhātu" 的意思便是指佛的全幅領域，眾生修行至此佛境界已成，於中統攝無限之德，皆依佛的智慧心靈而起，而遍一切法。客觀上說，這也就是法性 (dharma-tā)，即存在的本爾狀態（真如），為佛智慧所如實觀照的對象。一切經驗界的概念如生滅、因果、來去等，至此均用不上。上文所謂佛陀狀態的意思是應該從這方面體會。但是，這樣的一個佛境界，在現實上不是現成；它雖然真實，卻尚非眾生的對境，而只能是實踐後的果地。從眾生上說，"buddha-dhātu"，不是領域，而是本元。從存有觀點看，一切法的存在都是法性，眾生亦以法性為依。雖然在現實上眾生不是佛，但其存在本質推原到最後還是與佛不二。由此 "buddha-dhātu"，遂從領域義轉出第二義——本元義，"buddha-dhātu"，即眾生的存在依據，眾生通過修行實踐的活動就會把它呈顯出來❷。

　　由上觀之，「佛性」指存在的本然狀態，所謂「法性」或「真如」。因此，《大般涅槃經》的名言「一切眾生悉有佛性。以佛性故，眾生身中即有十力、三十三相、八十種好。」❸係指從眾生上說，

<hr>

❷　見《中國哲學辭典大全》，韋政通主編，水牛出版社，七十二年九月版，頁三三七，「佛性」條，霍韜晦撰。

眾生在存有的觀點皆以法性為依。換言之，眾生皆有存在的本元，對中國而言，有關佛性的討論主要係受《大般涅槃經》的影響。蓋佛教自西元二世紀進入大乘教義時期後，先後發展出三大系統：般若中觀系統之空宗；唯識阿賴耶系統之有宗；如來藏自性清淨心為主之真常思想。真常一系在印度本土不顯，但傳入中國後，獨盛一時，為中國佛教之天台、華嚴、禪宗等三宗所依歸處。真常思想的主要經典為《大般涅槃經》、《法華經》及《華嚴經》，主旨在確立「如來藏自性清淨心」之真實不虛與恆常不變性，進而由本性界以肯定「佛性」之普遍存在，其名言之一為：「若一闡提除一闡提則成佛道。」⓮禪宗——特別是六祖慧能則轉進一步地言「眾生本來是佛」，蘊涵了「頓悟」和「平常心是道」的主張。

　　據楊惠南先生說：「《楞伽經》的『如來藏』（藏識），是《涅槃經》中不能幻生萬法的『佛性』，加上《唯識經》論中能生萬法的『佛性』，加上《唯識經》論中能生萬法的『心』（阿賴那識）而成的產物；這就是《楞伽經》中所謂『諸佛心第一』中的『心』，也就是《壇經》中『見性成佛』的『性』，它有底下四個特性：眾生本來具足、眾生的真我（自佛性）、具足無量功德、能生萬法。」⓯看來，「佛性」原是眾生所具足的、為眾生的真我與上述《哲學辭典》中的法性義或本元義相通。「佛性」之「能生萬法」是其能幻生萬法

⓭　《大般涅槃經》，卷九，「如來性品」第四之六；引見《大正藏》，卷一二，頁四一九上。

⓮　《大般涅槃經》，卷二二，光明遍照高貴德王菩薩品，所謂「一闡提」指斷絕一切善根，永不能成佛的極惡眾生而言。

⓯　楊惠南《佛學的革命——六祖壇經》，臺北，時報文化出版公司，三版，民國七十三年七月，頁三三五。

的「心」亦即阿賴那識的作用，蓋阿賴那識一方面基於「覺」分而有「不生不滅」的本性，可使眾生覺悟。另一方面則基於其「不覺」分，有生滅的煩惱。其中「覺」分是「佛性」是促成眾生起覺悟得解脫的原因。此「覺」分特指其能離開一切煩惱雜念，故使心體享有「不生不滅」的本性，使性之當體歸原於「冥寂本無」，恆處清淨和空寂的無煩惱狀態，亦即「真如」境。

至於象山所言的心則為人之所以為人的普遍特質，他以先驗的道德心來指認，《全集》載：

> 問：「如何是本心？」
> 先生曰：「惻隱，仁之端也。羞惡，義之端也。辭讓，禮之端也。是非，智之端也。此即是本心。」……凡數問，先生終不易其說。

象山的心為蘊涵諸般德性之理的德性心，具有德性根源義，故可稱為道德的本心，亦即有德性內容的實心。其「心即理」的形上信念，意謂此心及心所蘊涵的道德實理，係依循著先驗道德法則而活動的形上實體，就其「非由外鑠我也」、「人所固有」而言為人的主體性，與視為眾生本來具足的法性義或本元義、真如義同具人的本體義。然就其內容而言，象山以德性原理為內容的本心則與「不生不滅」、「冥寂本無」的佛性大異其趣。

至於朱子所以混淆象山與禪家的心性存有義，可能是兩者的心性觀規模皆狹窄，都只緊守住做為人超驗本體的心性，卻不能從朱子將心性做為客觀存有而予以平實地解析，完備地探討。因此，象山與禪家均未能正視人性中的氣稟之雜而予以客觀地處理。象山甚

至以其對高層次人性之洞見來譏評朱子，使朱子受不了他所謂的「粗惡之氣」，或因此而將同重視人之主體性而生簡截高明的人性論之象山與禪家牽扯在一起。

(乙)心的作用

佛家空宗以般若慧為要義，識見萬物本無自性。有宗以阿賴耶識為本，萬法皆由心識所生，在中國佛教的三宗中，天台宗持一心之觀說，以般若慧為基礎，能照見空、假、中三諦，不即亦不離，又講一念三千，雖云：「心是一切法，一切法是心。」❶其意旨謂心為一切法之實相，與華嚴宗由一心說緣起之旨趣不同。若說天台宗的特色在盡精微的話，則華嚴宗的長處在致廣大。華嚴宗言宇宙萬法之成立，非是因緣和合，而是性起，係萬法自性自顯與唯識言緣起不同也。蓋華嚴宗以四法界解釋緣起宇宙大法，所謂四法界觀：第一為事法界觀（現象界），第二為理法界（實在界）觀，第三為理事無礙法界觀，第四為事事無礙法界觀，主旨在闡明本體界的理與現象界的事圓融無礙，理外無事，事外無理，體象理事為一體，進而又攝萬法於一心。

天台宗以《法華經》為主，華嚴宗以《華嚴經》為主，禪宗初期依《楞嚴經》，五祖又以《金剛經》開示六祖，六祖之後則不主尊崇任何一部經典為中心。他以不立文字為禪宗特色，此外，「心」於中國大乘各宗皆佔中心地位，天台宗以心言止觀，華嚴宗以一心包括其全部教義，禪宗則以明心見性為目的，禪門之不立文字，教外別傳，實乃以菩提道為基礎，而顯現如來藏之思想也，所謂以心傳心，此乃依人不依法，故如來捻花示眾，而迦葉得其心矣，禪宗禪

❶ 語見智顗大師所著之《摩訶止觀》，第五卷上。

師四祖道信禪師之：

> 夫千百法門，同歸方寸，河沙妙德，總在心源。……不作諸
> 善，不作諸惡，觸目遇緣，總是佛之妙用，快樂無憂，故名
> 為佛❶。

　　禪宗以心傳心的方式不主語言文字的詮釋，而是教人如實地自
內體證所得冷暖自知之心也。至於以心傳心的內容在點出自信清淨
心，同為一心之心真如也。此心遍於一切生靈，常因客塵煩惱蔽，
故不能顯。六祖慧能禪師因聞五祖開示「應無所住，而生其心」，當
下透悟一切萬法不離自性，而說：「何期自性，本自清淨，何期自
性，本不生滅，何期自性，本自具足，何期自性，能生萬法。」❶
　　吳經熊先生認為在慧能的禪學裏自性可謂為心的本體，心可說
是自性的作用，真心是吾人能思的主體，而非被思的客體。心的作
用係一動態的歷程，不靜止於一處，它像流水般有時或純淨、或混
濁、或平靜、或急湍。由於心的作用才有善惡、捨執、迷悟及菩提
和煩惱可言❶。為進一步理解真心的作用，吾人應了解禪學中一核
心概念「般若」，據《哲學辭典》的解釋：

> 據梵文，"prajñā" 音譯，意思是「智」或「慧」，但自《般若
> 經》之後，其用法已與一般之智與慧不同。

---

❶　《景德傳燈錄》，第四卷。

❶　《六祖壇經》，〈悟法傳衣第一〉。

❶　參見吳經熊著吳怡譯《禪學的黃金時代》，臺灣商務印書館六十六年一月
　　七版，頁四九。

佛教傳統，智與慧極少合言，雖然他們都是代表主體認識活動的名詞，但所負擔的功能略有分別。比較來說，慧是認知主體，乃心所之一，它的原名就是「般若」，舉凡對外境認識、思考、印證、判斷等活動，都是從慧產生的；而智 (jñāna) 則較強調對於各種理法的掌握，所以常常連於其所知之法一起說，如四諦智、法智、類智等（→智、慧）。

正因為認知活動以慧為主，所以《般若經》之後所重視的觀空之智，亦自慧出，但很明顯這時候的慧已非一般與無明煩惱相纏之慧（稱之為有漏慧），相反，它以消解無明煩惱的執著為主；因為只有在消解無明、煩惱的糾纏之後，才能證見真實（→空）。所以它雖是慧 (prajñā)，但譯經者都充分認識到不宜再譯之為慧（譯為「智」的甚多，但仍非定準），因為它與一般的慧不在同一層次。它是後設的，也是超越的；當一切修行活動完成後，它就呈現出來了。為了保留它的崇高的位置，所以最後還是從音方面轉寫為「般若」 ❷⓿。

由上觀之，自《般若經》之後，重視真心的觀空之智慧作用，這是肯定做為主體的自性有正面活動。但是其活動只限於超經驗的意義，非經驗界的認知智慧。真心的觀空作用有兩方面：一方面在消解無明煩惱所形成的執著；另方面消解的同時就是顯體，即將真實的存有顯現出來。所謂「空」的字義係指「無」、「不在乎」、「不真實」。蓋一切事物皆由某些因緣（條件）組合而成，其中並無定性，亦即無真實的存在，從生滅心而言，「無明」是使心體（覺性本身）有所

❷⓿ 同❷，頁四五八～四五九，「般若」條，霍韜晦撰。

「染」而處迷蔽「不覺」狀態之原因。然而心體雖在迷蔽中，其自身卻不「滅」，換言之，心體只是暫時「不覺」，但其智性不壞。從空義來說，若心體「始覺」，則覺性本身（本覺）顯現，而達「離念」之主體自由境界。換言之，心體覺的作用因觀「空」而顯真如實相。因此，「空」之義，一方面是由觀空而「離念」，蕩相遣執，無相無得；另方面由觀空而親證心體常淨而名「不空」，蓋做為主體性的心體非被思的對象，「無有相可取」❷，此即法性，也就是諸法存在的本爾狀態（真如）。同時，眾生對煩惱的解脫透過觀空而證真實才有可能。

象山的本心則係能源源不絕地創生道德活動的形上實體，亦即能主動發用的實體。他說：「萬物森然於方寸之間，滿心而發，充塞宇宙，無非是理。」❷在其心即理的信念中，心與理一體流通，此心此理的本身乃是渾然一體的道德生命本身。象山的心是一絕對的道德心，心在感德作用中所開顯的理，則為具絕對義、普通義和應然義的道德實理，所謂：「天秩、天敘、天命、天討皆是實理。」❷象山的心與理在其「宇宙便是吾心，吾心即是宇宙」的天人性命貫通義中，不但享有無限性和終極性，且賦予了價值的根據，具備了倫理的善價值，他說：「蓋人受天地之中以生，其本心無有不善。」❷

此外，心即理的「理」為指謂一切道德實理的統攝詞，為一專

❷　《大乘起信論》，解釋分。

❷　《全集》，卷三四，嚴松松年錄，頁四二三。

❷　《全集》，卷三五，包揚顯道錄，頁四六八。

❷　《全集》，卷一一，〈與王順伯第二書〉，象山此語源於《左傳》成公十三年「民受天地之中以生」，頁一四八。

有名詞,指一切分殊的道德實理在本源上原是渾然無別的統體之理。「心」則為一切分殊的道德實理在溯本逐源上所尋得的眾理匯會處。因而,心為一切分殊的道德實理之發用本源,眾理則為靈覺的本心在人際關係中因不同的分際而落實於具體情境中,朝某一定向開顯展示本心,使本心傾於以某特殊樣相來顯現,象山所謂:「當寬裕溫柔,自寬裕溫柔,當發強剛毅自發強剛毅,所謂溥博淵泉而時出之。」㉕

　　比觀象山的本心與禪家的真心之作用迥然不同。蓋象山的本心是肯定其在人倫日用的經驗界之發用,其發用所成就的是德性價值,本心感應孺子將入井而起怵惕惻隱者,係因惻隱之理在本心自身內,其由活動的特殊定向所成就者乃是仁德。因此象山的本心生意盎然,生生不息地發用出具種種德行價值的德性。心與理雖是超驗的實有,其作用則落實於經驗界的人情物事。禪宗明心見性,其心體雖有正面活動,卻只限於超經驗意義,與象山立場殊異。

　　再者,禪宗真心的作用在親證心體常淨,換言之,觀空所悟得的是緣起性空,因而否定一切,悟得「我空」和「法空」才可以解脫煩惱。因此禪宗所悟得的為空理與象山本心所悟得的德性實理大異其趣。

㈡瞭悟心的方式

　　主張頓悟的慧能,在其「我心自有佛,自佛是真佛」的信念下,不立文字以免人執著於經文,落入文字障,《壇經》一開頭就指出菩提就是自性,本來清淨,如能把握此心,當可立即成佛。因此,慧

㉕　《全集》,卷三四,傅季魯編,頁三九四。象山此語出自《中庸》三十一章。

能歸依覺、正、淨等自性三寶，主張：「內調心性，外敬他人，是自歸依也。」在瞭悟真心的方式上採自悟自得的頓悟式。

依禪宗旨趣，未悟前當由自性外顯的作用返識此作用之本體乃其自性，若得開悟，方了解吾人視、聽、言、動莫非由自性所發用，所謂「觸目遇緣，總是佛之妙用」這是禪家出得初關而入重關時所達到的體用自在之心境。象山雖亦倡言「自得、自承、自道，不倚師友載籍。」 ㉖然而其評朱熹「既不知尊德性，焉有所謂道問學？」 ㉗並非只主張靠體悟自得的方式即已足夠，而是強調尊德性對道問學享有邏輯的先在性。事實上，象山不但自己用功讀書，同時亦教人如何用正確的態度來讀書，亦強調師友對去除成見的重要性 ㉘。因此象山與禪宗實同中有異的。

㈦接引後學悟心的教法

如眾所周知的，禪師們特別是頓悟教這一派，在接引後學上是直指人心的。為了要人自悟自得地「見性成佛」，禪師們的教育方法常是言簡意賅，以詩意的「比」和「興」為技巧，以啟示人的省思而不說破為方法上的原則。因此，禪的教法是不拘形式的，吾人從公案中得見不少充滿幽默的韻事，風趣而發人深省的對話，及帶著機緣考驗性質的「機鋒」和「轉語」。

朱熹謂象山說話常是兩頭明，中間暗，是其「不說破」，並以此認象山與禪家同好，唐君毅先生對這點曾加以澄清說：「此不說破

㉖　《全集》，卷三五，包揚顯道錄，頁四五六。

㉗　《全集》，卷三六，〈年譜〉，四十五歲條，頁五〇一。

㉘　《全集》中多處見象山重師友之言，例如卷三五載「天下若無師友，不是各執成見，便是恣情縱慾。」

者，即要人自悟者。然儒家亦有要人自悟者，如此所悟與禪所悟不同，則不必是禪。」❷❾事實上，象山主張立乎其大，其發明本心，豁醒道德意識的簡易學風，觀《全集》所載，頗有似禪學直接人心，見性成佛的作風，例如：

> 先生舉公都子問鈞是人一章云：「人有五官，官有其職。」某因思是便收此心，然惟有照物而已。他日，侍坐無所向，先生謂曰：「學者能常閉目亦佳。」某因此，無事則安坐瞑目，用力操存，夜以繼日，如此者半月。一日下樓，忽覺此心已復澄瑩中立。竊異之，遂見先生，先生目逆而視之曰：「此理已顯也。」某問先生何以知之？曰：「占之眸子而已。」❸⓿

詹阜民的「忽覺此心已復澄瑩中立」就是佛家頓悟識心的效驗。其所謂「惟有照物而已」的「照物」，乃即佛家光明寂照之照。象山所提供的「閉目」修心法據詹阜民的解釋似屬靜坐的修持工夫，難免受禪家的影響。

此外，〈象山年譜〉三十四歲條載一則象山對高弟子楊敬仲（慈湖）頗具機鋒的開悟式教導法，敬仲常問象山「如何是本心」象山亦常告以四端之心，然而敬仲一直未省悟，某日：

> 偶有鬻扇者訟至于庭，敬仲斷其曲直訖，又問如初。先生曰：聞適來斷扇訟，是者知其為是，非者知其為非，此即敬仲本心。敬仲忽大覺，始北面納弟子禮❸❶。

---

❷❾　唐君毅《中國哲學原論・原教篇》，香港新亞研究所，1975 年出版，頁二五一～二五二。

❸⓿　《全集》，卷三五，詹阜民錄，頁四七五。

❸❶　《全集》，卷三六，頁四九四。

　　象山隨機指點，導引敬仲在本心自然流行之際，當下迴返向內體悟本心之原來具足義與禪家以心傳心的直接人心法頗類似。例如：懷疑禪師參馬祖禪師之一段公案：

> （懷讓禪師）問曰：「阿那箇是慧海自家寶藏。祖曰，即今問我者是汝寶藏。一切具足，更無欠少，使用自在，何假向外求覓。師於言下自識本心不由知覺。踴躍禮謝❸❷。

　　馬祖禪師遮撥懷讓禪師一切向外尋求之妄念，開導他當下體悟自家本來寶藏，與象山頗有異曲同工之妙。此法得深切了解受教者未悟前的種種病痛，因人施教，對症下藥，象山常感嘆人人皆有本心，若不自覺和彰顯，則猶如美玉棄藏於石頭中，例如他接引門人黃元吉的方法，堪稱一美談，象山說：

> 元吉從老夫十五年；前數年病在逐外。中間數年，換入一意見窠窟去。又數年，換入一安樂窠窟去。這一二年，老夫痛加鍛鍊，似覺壁立，無由近傍。元吉善學，不敢發問。遂誘致諸處後生來授學，卻教諸生致問，老夫一一為之問剝。元吉一旦從旁忽有所悟，此元吉之善學❸❸。

　　象山能深知黃元吉不知為學本要，病在逐法，遂一一對治而剝落，使他無從依傍，最後終能悟得本心，益見象山心學乃切己警策，刀鋸鼎鑊的成德之學。

---

❸❷　《景德傳燈錄》，卷六，懷讓禪師條。
❸❸　《全集》，卷三四，頁四二三。

張君勱先生說得好：

> 我認為陸九淵可以說是一個僅在方法上的禪家思想信奉者。
> 陸九淵不得不受這種觀念的影響。不過，他棄絕禪宗的出世
> 態度，只保持其內求本心的方法。他在方法上應用禪家的技
> 巧，在道德生活的完成與儒家思想的展開上直接訴諸本心❸。

三、象山的儒佛之判

象山對儒佛的辨異，主要可由其〈與王順伯第一書〉得見，該
函收於《象山全集》卷二。

象山在該函中認為儒者生於天地之間，其存有的價值在於有是
非之心，人應該本是非之心盡人道，人的生命才能在宇宙中獲一莊
嚴偉大的價值感。因此，儒家本著大是大非的大公心，以正義為實
踐的歷程，盡心盡力於經世安民的生命理想。故儒家的生命觀是大
中至正的。

至於佛家，象山認為釋氏以人生天地之間，充滿著生死、煩惱，
且輪迴不斷，陷於生死海裏浮沉無常，心生無限憐憫。因此，佛家
為求擺脫一切煩惱及生死相續之苦，而求觀空的般若智。象山認為
佛家立教的動機不如儒家的莊嚴偉大而帶使命，而是以求自我解脫
的私心為出發點，以避苦之利為路途，主於出世。

象山對儒佛的批判，雖不甚完備，大抵上仍不失為公允。因此，
吾人可說象山吸收轉用了禪家參悟自性的方法，然而在其人生關懷

---

❸ 見張君勱《新儒家思想史》，（上冊）頁二五九，張君勱先生獎學金基金
會，民國六十八年。

及精神旨趣上絕非禪家旨意。文末，筆者願引王陽明 (1472-1529)
的一段話為結語：

> 夫禪說棄人倫，遺物理，而要其歸極不可以為天下國家。苟
> 陸氏之學而果若是也。乃所以為禪也。今禪之說與陸氏之說，
> 孟氏之說，其書具存者，苟取而觀之，其是非同異，當有不
> 待於辯說者❸❺。

儒家自孔子揭示人的德性價值所在──「仁」之後，孟子進而
以仁識心，四端萬善俱源於仁心，宋明儒賦予形上的觀念，以「仁」
為道德的創生體，返識宇宙的本體為一生生化化至剛至健的本體，
在天人貫通為一本的形上識見下，宋明儒徹悟本心之剛健有無限對
外感通發用之妙，遂由己身之己立己達，進而至家國天下，天地萬
物酬酢處，欲於極盡德性本心的全體大用，以人文化成天下而與生
生不已的天地剛健之德契合為一。

然而佛家談本體，終究重空寂義，在人生觀上以不受障礙名
「空」，以生命無昏擾敝名「寂」。禪宗以萬象萬事皆由自性所涵，
仁、義、禮、智雖也發於心，惟無德性本體的觀念。為在一切事物
上不起煩惱計，因此不執之，此乃禪家開悟後的妙有之境，其由真
空而入妙有乃是由體起用，體用不二意，在「養得來光明寂照無所
不遍，無所不通」❸❻，無相為體，無住為本，無念為宗的般若智光
照下，故可即世間而世間，於平常心見道心，然而終以捨離現世的
精神登彼岸為終極歸息處，非以人文秩序化成此岸為目的。因此，

❸❺ 見《象山全集》，王陽明〈陸象山先生集敘〉，頁二。
❸❻ 《朱子語類》，卷一二六。

禪宗所達到的主體乃一超離的主體，其主體自由不過是具靜歛意義
的超離自由。然而換個觀點言，禪宗既視著衣吃飯，運水擔柴等諸
世間法乃非修道之障，而為悟道之資，則家國天下等政治、社會、
倫常又何嘗不可為悟道之資呢？故禪宗若能再進一層的話，則將可
接納現世政治、社會、倫理之道而肯定之，如是則可把入世與出世
達成一真正平等觀了。再者，中國的大乘佛學自標出無住涅槃的精
神而不捨世間後，已有漸趨儒家的傾向，因此，儒學與禪宗的會通
亦當有一番契機可待了。

第十一章　陸學的後續及其時代意義

一、象山學說的流傳

　　南宋在朱陸兩大學派的對峙形勢下，以歷史的發展觀其後續，我們不難發現朱學的承繼者前後接踵，頗為興盛。相形之下，象山學說的流傳則遠不及朱學之盛。然而細察其中亦不乏篤實踐履之士，薪火相傳，使心學得以維繫而不墜，終使心學在明代逐漸興隆而發生深遠的影響。

　　象山心目中的後學，據《象山全集》載：

> 松問先生：「今之學者為誰？」先生屈指數之，以傅子淵居其首，鄧文範居次，傅季魯、黃元吉又次之。且云：浙間煞有人，有得之深者，有得之淺者，有一見而得之者，有久而後得之者，廣中陳去華，省發偉特，惜乎此人亡矣❶。

《宋元學案》卷七十七、〈槐堂諸儒學案〉，全謝山案語謂：「槐堂之學，莫盛於吾甬上，而江西反不逮，如曾潭、如琴山，以及黃鄧之徒，今其緒言渺矣。甬上之西，尚有嚴陵，亦一大支也。」❷黃宗義的案語云：「陸子之在象山五年間，弟子屬籍者至數千人，何其盛

---

❶　《象山全集》，卷三四，頁四二二。

❷　黃宗義撰《宋元學案》下，臺灣臺北河洛圖書出版社，一九七五年三月，臺影印初版。第二十〈槐堂諸儒學案〉，卷七七，頁七。

哉！然其學脈流傳，偏在浙東，此外則傅夢泉而已。故朱子曰：浙東學者，多子靜門人，類能卓然自立，相見之次，便毅然有不可犯之色，然則此數千人者，固多旅進旅退之徒耳。今傳數十人於此，其概可睹矣。」❸

據上述所言，象山門人可略分為江西及浙東兩系絡，茲分述於下。

在江西這一支流的學者，著作有限，緒言已渺，學脈流衍，遠不及浙東一線之盛，舉其大要可以傅夢泉、鄧約禮、傅子雲、黃叔豐四人為代表。簡介如下：

㈠傅夢泉

傅夢泉，字子淵，號若水，建昌南城人，嘗講學於曾潭之濱，學者稱曾潭先生，著有石鼓文。《宋元學案‧槐堂諸儒學案》載曰：「自言少時知舉業，觀書不過資意見，後因困志知返，適陳剛自槐堂歸，因問象山所以教人者，剛曰：首尾一月，先生諄諄只言辨志，又言古者入學一年，早知離經辨志，今日有終其身而不知自辨者，可哀也已。先生私心識之，一日讀《孟子》、〈公孫丑〉章，忽然心與相應，胸中豁然，尚未知下手處，及見象山，始盡知入德之方，謂剛曰：陸先生教人辨志，只在義利。嘗謂人曰：人生天地間，自有卓卓不可磨滅者在，果能於此涵養，於此擴充，良心善端，交易橫發，塞乎宇宙，貫乎古今，象山論及門之士，以先生為第一，登淳熙二年進士。……先生性地剛毅，然多偏，自言初見象山，即聞艮背行庭之教，已而見張南軒於荊州，見朱子於南康，不安於象山之說者十年，乃在衡陽，乃深信之。先生於朱子尤多相左。象山言

---

❸ 同❷，頁八。

其疏節闊目，佳處在此，其病處亦在此。」張南軒曾與朱子書曰：「澧州教授傅夢泉來相見，乃是陸子靜上足，剛介有立，但所論學，多類揚眉瞬目之機。」又曰：「夢泉守師說甚力，此人若肯聽人平章，他日恐有可望。」❹

　　子淵亦從子道夫、正夫傳其學。正夫且為楊慈湖門人，兼問學於袁絜齋，錄有慈湖訓語及絜齋先生訓語，有得於中，可謂氣脈相續無間。續傳子淵之學者，有江西上饒人陳苑，字立大，人稱靜明先生。為江西派陸學之中興者。其高弟子祝蕃、李存、舒衍、吳謙，人稱「江東四先生」，時至有元，陸學至此為之一光❺。

㈡鄧約禮

　　《宋元學案・槐堂諸儒學案》載：「鄧約禮，字文範，本旴江人，以婿於李侍郎橘園，遂家臨川，橘園於陸子為前輩，而論學最契，故先生與其妻弟肅皆師象山，在槐堂中稱齋長，有求見象山者，象山或令先從先生問學，登淳熙五年進士。……象山嘗稱夢泉宏大，約禮細密，學者稱直齋先生。先生嘗與同門生利元吉，彙建昌自有科舉以來進士為題名碑，而請朱子為之記，且言願發明國家所以教人取士之意，有異於古，欲使學者讀之而知所警，朱子甚善其言，因謂：『二君蓋皆嘗有所學，而得其所貴於己者，但推其說以告於鄉之後進，使之因所感發，以求夫古人之所以教者，盡心而有得焉，則聲名文字之盛，彼將有所不屑，而況不義之富貴也。』說者但見朱子晚年多排象山，然觀記中之語，則其以公義相取者，又未嘗不在也。」❻

---

❹　同❷，頁七～八。

❺　同❷，卷九三，〈靜明寶峰學案〉，頁六二。

�丙傅子雲

　　據〈槐堂諸儒學案〉載：「傅子雲，字季魯，號琴山，金溪人，成童，登象山門。以其少，使先從鄧文範學，尋晉弟子之位。象山歸自京師，季魯亦入太學，道中相遇，共泛桐江，答問如響。應天山精舍成，學者坐以年齒為序，季魯在末席。象山令設一席於旁，時命季魯代講。或頗疑之，象山曰：『子雲天下英才也。』及出守荊門，使居精舍，象山執手語之曰：『書院事俱以相付，其為我善永薪傳。』謂諸生曰：『吾遠守小郡，不能為諸君掃清氛翳，幸有季魯在，願相親近。』……先生嘗作保社議，其中言鄭康成註周禮，半是緯語，半是莽制，可取者甚少。象山最是其言，紹定四年，袁甫持節西江，修明象山之學，為建象山書院，時槐堂高足惟先生在，巋然上座，所著有《易傳》、《論語集傳》《中庸》、《大學解》、《童子指義》、《離騷經解》。撫州守葉夢得，故先生弟子，建三陸祠於金溪，以先生配。」❼

　　傅子雲為象山爭取儒學正統而聲言：「惟象山先生稟特異之姿，篤信孟氏（子）之傳，虛見浮說不得以淆其真、奪其正。故推而訓迪後學，大抵簡易明白，開其固有（四端），無支離繳繞之失，而有中癥起痼之妙。士民會聽，沉迷利欲者，惕然改圖；蔽惑浮末者，翻然就實；膠溺意見者，凝然適正。」❽

---

❻　同❷，頁九。
❼　同❷，頁九～一〇。
❽　清·乾隆十六年《金谿縣志》，卷二。

(丁)黃叔豐

　　據〈槐堂諸儒學案〉載：「黃叔豐，字元吉，金溪人。象山仲兄九敘之婿，師事象山最久，象山詳其及門之士，首傅子淵、次鄧文範、次郎先生。善學不自發問，每誘致諸生來授學。令其各以疑義前請，而從旁聽之。象山知荊門軍，先生從之。記所答問之語，題曰荊州日錄。……象山嘗曰：『元吉相從一十五年，最得老夫鍛鍊之力，其前年方逐外，中間數年換入一意見窠窟，去數年換入安樂窠窟，去近年痛加鍛鍊，始壁立無依傍，而同門生嚴松直言先生之學，當出子淵之上。先生諸寮婿張商佐，字輔之；周清叟，字廉夫；熊鑑，字□□，俱師象山，而廉夫所記陸子語錄最佳。」❾

　　江西流派除此代表性的四人外，尚有郡守黃先生裳、彭世昌先生興宗、知州詹默信先生阜民、縣丞利先生元吉……等，篇幅所限，不能一一紹述。

　　陸學在浙東的流傳顯然較盛於江西，在鄞甬慈溪一帶，形成陸學的聖地，其中楊慈湖（簡）、袁絜齋（燮）、舒廣平（璘）、沈定川（煥）有「甬上四先生」之稱。鄞縣則有史文靖（彌忠）、史忠宣（彌堅）、史獨善（彌鞏）兄弟，以及史和旨（彌林）、史鴻禧（守之）、史饒州（定之）。在鄞縣六史之中，皆慈湖門人。惟史獨善祖孫關係重要。史獨善名彌鞏，字南叔，史彌忠（文靖）之從弟也。衛王柄國時，登進士第。端平初入監都進奏院，嘉熙時提點江東刑獄，召為司封郎中。以兄子入相，引嫌乞祠。以直華文閣提舉崇禧觀，卒年八十。其孫史蒙卿，字景正，號果齋，年十二，入國子學，通春秋周官，為江里所器重。咸淳元年進士。曾任景陵主簿，歷江

❾　同❹，頁一〇～一一。

陰平江教授。自號靜清處士，有靜清集❿。

陸學在浙東的流傳，以甬上四先生為代表，全謝山在〈慈湖學案〉謂：「象山之門，必以甬上四先生為首，蓋本乾淳諸老一輩也。」⓫今將四先生的事略與學述分列於下：

㈠楊　簡

楊簡，字敬仲，慈湖人。生於宋高宗紹興十一年 (1141)，卒於宋理宗寶慶二年 (1226)。乾道五年進士，乾道五年職，以寶謨閣學士慈溪縣男太中大夫致仕，卒年八十六，諡文元。嘗築室德湖上，更名慈湖，世稱慈湖先生。生平踐履，無一瑕玷。嘗反觀，覺天地萬物通為一體，非吾心外事。所著有甲槁乙槁冠記、昏記、喪禮、家記、祭記、釋菜、禮記、己易、啟蔽等書。又有易傳、詩傳、春秋解、古文孝經解等。

楊簡在〈己易〉的一篇長文中說：

> 易者，己也，非有他也。以易為書，不以易為己，不可也。以易為天地之變化，不以易為己之變化，不可也。天地，我之天地；變化，我之變化，非他物也。……一者，吾之一也，可畫而不可言也，可以默識，而不可以加知也。一者，吾之全體。一者，吾之分也，分即全也，全即分也⓬。

---

❿　同❷，史獨善事載，第十九，卷七四，〈慈湖學案〉，頁七三～七四，其孫史蒙卿事載，《宋元學案》第二十二，卷八七，〈靜清學案〉，頁五〇～五一。

⓫　同❷，第十九，卷七四，〈慈湖學案〉，頁五七。

⓬　同❷，頁五八～五九。

他的見解顯然是受象山「宇宙便是吾心」、「六經皆我註腳」的影響。
他接著又說：

> 夫所以為我者，每曰血氣形貌而已也。吾性澄然清明而非物，
> 吾性洞然無際而非量。天者，吾性中之象，地者，吾性中之
> 形，故曰：在天成象，在地成形。皆我之所為也❸。

他所謂的「吾性」，顯指「本心」。本心即理，宇宙充塞此理，故謂
「非物」、「非量」。慈湖謂天地「皆我之所為」較象山的「宇宙便是
吾心」及莊子〈齊物論〉的「萬物與我為一」更為激烈，他把心神
祕化、主觀化了。究其原因，他把道、禪融會入儒學中。
　　慈湖在二十八歲時，有天晚上，偶憶庭訓「時復反觀」、「忽覺
空洞無內外，無際畔、三才、萬物、萬化、萬事、幽明、有無通為
一體，略無縫罅。」❹在人的感物應物上，他本著其一貫的心學立
場，貴心而賤意，他說：「心與意奚辨？是二者未始不一，蔽則不自
一。一則為心，二則為意；直則為心，支（曲）則為意；通則為心，
阻（塞）則為意。不識不知，變化云為，豈發豈離，感通無窮，非
思非為……昭明如鑒（鏡），不假致察，美惡自明，洪纖（巨細）自
辨。」❺「心」被實體化為精神性實有，慈湖較象山更進一步地以
「心函萬物」取代其「心即理」、趨於偏激的主觀唯心論。此外，象
山承北宋傳統以「氣」釋「惡」。慈湖則以「意」釋「惡」，他說：
「人心本正，起而為意而後昏。」❻又說：「人性皆善，……特動乎

---

❸　同❷，頁五九。
❹　《慈湖遺書續集》，卷一〈炳講師求訓〉。
❺　《慈湖遺書》，卷二〈絕四記〉。

意則惡。」 ❼

在本心的修養工夫上，象山強調將人慾與意見剝落淨盡及收拾自家精神以尊德樂道。慈湖則二方面都不接受，他批評地說：「清心、洗心、正心之說行、則揠苗；非徒無益、而又害之。」 ❽這是針對象山的剝落工夫而言，至於收拾精神這一點，慈湖說：「收之、拾之，乃成造意；體之、靜之，猶是放心。」 ❾他肯認的實踐工夫係採孔子消除意、必、固、我的四惡之意，在〈絕四記〉文中發揮他貴心賤意的論旨說：「不假外求、不由外得，自本自根、自神自明；微生意焉，故蔽之。」、「意慮不作，澄然虛明，如日如月，無思無為而萬物畢照。」

慈湖的貴心賤意有可能是受佛教唯識宗所謂第六識，即行虛妄分別事物的「意識」說之影響，禪宗六祖慧能嘗謂：「心念不起，名為坐；內見自性不動，名為禪。」慈湖則說：「不起意，非謂都不理事；凡作事只要合理，若起私意則不可。」 ❿莊子和六祖慧能雖啟發他用鏡喻心 ㉑，然而慈湖不像這兩人般教人不思善惡是非。此外，禪門洪州宗馬祖道一斷言平常心是道，慈湖似也受其影響而謂：「章句儒不知道，率好穿鑿，不知日用平常之即道。」 ㉒

觀慈湖對「心」和「意」的區分，似乎不夠清楚，蓋陸象山未特別講「意」，朱熹則以情為心之動，「意」為心動時，心之所向。

---

❶ 同❺，卷一，〈詩解序〉。

❼ 同❺，〈鄉記序〉。

❽ 同❺，〈永嘉郡治更堂名記〉。

❾ 同❺，卷三，〈與張元度〉書。

❿ 《慈湖遺書》，卷一三，〈家記七，論中庸〉。

㉑ 同❿，卷二〇，〈楊氏易傳〉。

㉒ 《楊氏詩傳》，卷六，〈君子陽陽〉。

慈湖以善屬心，惡屬意，似乎將意和情、慾相混。慈湖以心常靜而
不動，其自然流露於外面的行為自然光明，而流露時，心並不動，
頗近佛教的禪說。此外，「意」若指經過意識反省後的狀態，則只有
自私的「意」才蒙蔽心，並非所有的「意」皆阻礙心的流露，蓋生
活中亦有善「意」的經驗事實可為例證。黃宗羲在〈慈湖學案〉中
所下的案語較為公允。他說：

> 象山說顏子克己之學，非如常人克去一切忿慾利害之私，蓋
> 欲於意念所起處，將來克去。故慈湖以不起意為宗，是師門
> 之偽傳也。而考亭謂除去不好底意見則可，若好的意見，須
> 是存留。畢竟欲除意見，則所行之事，皆不得已去做，才做
> 便忘。所以目視霄漢，悠悠過日下梢，只成個狂妄也❷。

若絕意流為絕心之動的話，則近於朱子老師李侗輩所講的求喜、怒、
哀、樂未發時的中。

㈡袁 燮

　　袁燮字和叔，號絜齋，生年1145，卒年1224，鄞縣人，學者稱
絜齋先生。少讀東漢「黨錮傳」，慨然以名節自期。乾道初入太學，
始親陸九齡，與同里沈叔晦（煥）、楊敬仲（簡）、舒元廣（璘）朝
夕切琢，淳熙辛丑，登進士第。初遇象山於都城，象山即指本心洞
徹通貫以告之，和叔遂師事象山。研精覃思，豁然大悟，慈湖每稱
絜齋之覺為不可及。著有《絜齋集》二十卷，《絜齋粹言》等書❷。

---
❷　同⓫，頁六九。
❷　同❷，第十九，卷七五，〈絜齋學案〉，頁一〇八～一〇九。

他在《絜齋粹言》中說：「人生天地間，所以超然獨貴於物者，以是心爾，心者，人之大本也。此心存，則雖賤而可貴；不存，則雖貴而可賤。」、「大哉！心乎。與天地一本，精思以得之，兢業以守之，則與天地相似。」、「直者，天德。人所以生也。本心之良，未嘗不直，回曲繚繞，不勝其多端者，非本然也。」、「道不遠人，本心即道。」❷❺

與楊慈湖相比較，袁燮雖謂心為「萬善之源」但心非如止水明鏡那般的平凡。他持守象山「心即理」而提出「天人一理」的理念，但是他亦接受程朱學派的道統觀和理氣觀，主張居敬漸修，尊重博學。此外，他也受浙東功利派的陶冶，故袁氏雖學於象山，但是趨於平實、規矩，與慈湖確有不同處。

全祖望評論說：

> 慈湖之與絜齋，不可連類而語。慈湖泛濫夾雜，而絜齋之言有繩矩。東發先我言之矣。

王梓材則說：

> 真西山為先生行狀云：東萊呂成公，接中原文獻之正傳，公從之遊，所得益富。永嘉陳公傅良，明舊章達四變，公與縱容考訂，細大靡遺。是先生嘗師東萊友止齋，而究所歸宿者則象山也❷❻。

---

❷❺ 同❷，頁一〇九～一一〇。
❷❻ 同❷，全祖望的案語見於頁一〇八，王梓材的案語見於頁一〇九。

�丙**舒　璘**

　　舒璘，字元質，一字元賓，浙江奉化人，學者稱廣平先生。少得聞伊洛之說，遊太學，結交皆良友。朱子與呂學成公講學於婺，徒步往從之，可見其好學精神。與兄琥弟琪同受業於象山之門，琥與琪皆頓然有省悟。元質則曰：「吾非能一蹴而至其域也。吾惟朝夕於斯，刻苦磨厲，改過遷善，日有新功，亦可以弗畔云爾。」其學以篤實不欺為立，成道八年進士。教授徽州，徽之士習久壞，元質奮然曰：「士之美惡，獨不在我乎？」遂以身率之，元質不憚勤勞，隆冬酷暑，未嘗少怠，時沈叔晦為國錄，先生曰：「師道尊嚴，吾不如叔晦；若啟迪後進，吾不敢多遜。」元質律己甚嚴，教學者則循循善誘，講求涵泳，時人讚譽為如熙然之陽春。元質為政則素以天下為己任，重道義，留心民瘼，尤留心中朝治亂之故，憂國之念，搖搖如懸旌。聽斷訟獄，人服其平。秩滿，通判宜州，未赴而卒。徽之士子，祠之學宮。著有《詩學發微》、《詩禮講解》、《廣平類稿》❷⑦。

　　元質在《廣平類稿》答葉養源書中說：

> 成物之道，咸在吾己。我念無虧，精神必契，一或有欠，無限格言，總成虛語。端知為己之學，誠不宜一毫有虧損也。持敬之說，某素所不取，我心不安，強自體認，強自束縛，如篾箍桶如藤束薪，一旦斷決，散漫不可收拾，理所宜然。夫子教人，何嘗如是。入孝出弟，言忠信，行篤敬，出門如見賓，使民如承祭。此等在孩提便可致力。從事無斁，則此

❷⑦　同❷，卷七六，〈廣平定川學案〉，頁一二五～一二七。

心不放，此理自明。

在答劉淳之書中說：

> 平時以聖賢經書前輩議論粧裏作人，自己良心先不明白，一
> 旦處外境不動，難矣哉 ❷⑧。

元質所言，基本上傳象山心學，以心為主，先發明本心為首要
事，然後始有裕身、讀書、齊家、處事之功。雖傳象山心學，較之
楊、袁則平實多了。在甬上四學者中，他與沈煥平實地折衷朱學與
陸學，輕視玄學而側重踐履。楊慈湖嘗曰：「元質孝友忠實，道心融
明。」袁絜齋則云：「元質平生發於言語，率由中出，未嘗見其一語
之妄，所謂有孚盈缶者。」 ❷⑨ 袁燮之子袁甫讚曰：「洙泗風雲之氣
象，先生有焉；處逆境不知其逆也，居順境不知其順也；千變萬狀
自為紛紛，而不知其為千為萬也，亦不知其為一也。先生之言曰：
『敝病疏席總是佳趣，櫛風沐雨反為美境。』此先生之學所以深造
自得，而某之所謂真有道之君子也。」 ❸⓪

㈦沈　煥

沈煥，字叔晦，定海人。少即潛心經籍，精神靜專，未嘗鶩於
末習，學者稱定川先生。先師事陸九齡，九齡稱其「挺然任道之資
也。」時謂叔晦開師友講習之端，得古人相勸為善之義。嘗官高郵

---

❷⑧　同上註，所引數語俱見頁一二八。

❷⑨　兩人的評語俱見❷，頁一二七。

❸⓪　《絜齋集》，卷一四，〈奉化縣舒先生祠堂記〉。

軍教授，浙東安撫司幹官，安撫司荐為修奉官，致知婺源，遷通判舒州。叔晦於辭受取捨尤嚴，富人欲以女妻叔晦子，固辭之。病時亦不廢讀書，垂絕，拳拳以母老為念，善類彫零為憂。曾作〈朋黨論〉，以抑制小人，著有《定川集》五卷，諡端憲，其集已不可見。丞相周必大聞其訃，曰：「追思立朝，不能推賢揚善，予愧叔晦，益者三友，叔晦不予愧也。」袁絜齋狀其行曰：「考君生平大節，寧終身固窮獨善而不肯苟同於眾。寧齟齬其行與時不合，而不肯少更其守，凜然清風，振聳頹俗……知非改過，踐履篤實，其始面目嚴冷，清不容物，久久寬平，可敬可親，面攻人之短，退揚人之善，切磋如爭，歡愛如媚，古所謂直而溫，毅而宏者，殆庶幾乎。」❸

　　鄞江（奉化江）與姚江匯成的甬江流經四明，浙江寧波古稱四明，南宋此地區出了四位陸門高足，所謂「甬上四先生」此四人在學術立場上固有同處，然而透過他們不同的生命氣質與才情所表現出來的學問也有異處，《宋元學案・廣平定川學案》載曰：

　　　宗羲案楊簡、舒璘、袁燮、沈煥，所謂明州四先生也。慈湖每提心之精神謂之聖一語。而絜齋之告君亦曰：「古者大有為之君，所以根源治道者，一言以蔽之，此心之精神而已。」可以觀四先生學術之同矣。文信國云：「廣平之學，春風和平；定川之學，秋霜肅凝；瞻彼慈湖，雲間月澄；瞻彼絜齋，玉澤冰瑩，一時師友，聚於東浙，嗚呼盛哉。」❸❷

　　陸學在浙東的傳衍中，以慈湖一脈最盛，遍佈江南，尤以四明一郡為盛。四明之外，慈湖之徒尚有嚴陵一脈，主要代表人物為錢時。錢時字子是，嚴州淳安人，慈湖高弟，學者稱融堂先生，讀書不為世儒之習，絕意科舉，究意理學。江東提刑袁甫建象山書院，特延請錢時任講席，其論學大抵以發明人心為要，指摘痛決，聞者皆警然有得，著有《周易釋傳》、《尚書演義》、《四書管見》、《春秋大旨》、《兩漢筆記》、《獨阜集》、《冠昏記》、《百行冠冕集》 ❸❸。

　　融堂門人中，較值得注意者有夏希賢，字自然，淳安人，究明性理，洞見本原，杜門不出者三十餘年，家無隔宿之儲，仍生活得泰然自如，學者皆稱他為自然先生。有三子，皆承其學，以仲子溥最著名❸❹。

　　夏溥字大之，博通經學，詩亦自成一家風格，當時稱為夏體。為安定書院山長，一以安定學規課士，遷龍興教授。入元，遂為大師，鄭師山自言得夏溥啟發之功，稱讚其古文。趙東山亦嘗從學，謂其大似誠齋 ❸❺。

　　象山逝世後，身為江西老鄉的槐堂諸人亦漸次老死。鄱陽三湯出而講學，伯氏湯千存齋，饒之安仁人，恬夷靜深，德宇粹然，少時博參聖賢言論以為指歸，精思力踐不進不已，至孝友至情，嘗從真西山論洙泗伊洛之源流。與朱學和陸學融會貫通，卓然自有見處。真西山謂其用心於內，而求踐其實。著有集二十卷、《泮宮講義》二卷、《史漢雜考》二卷、《記聞》十卷、《楮幣罪言》一卷。湯息庵先

---

❸❸　同❶❶，頁七四～七五。

❸❹　同❸❸，頁九四。

❸❺　三湯之學及其從學見諸《宋元學案》，卷八四，〈存齋晦靜息庵學案〉，頁一一二～一一五。

生中與存齋大抵主朱學。湯巾晦靜則由朱入陸，其從子漢亦主陸學。

湯漢，字伯紀，號東澗，為太學博士，遷太常少卿，度宗即位，以端明殿學士致仕。諡文清，有《文集》六十卷，今佚。先生嘗自儆曰：「春秋責備賢者，造物計較好人，一點莫留餘滓，十分成就全身。」王應麟謂此老晚節，庶幾踐斯言也。

湯晦靜另一門人徐霖，字景說，號徑畈，原籍西安。有志於聖賢之道。理宗淳祐四年，試禮部第一，授沅州教授，上疏言史嵩之姦，見者咋舌，先生亦由是著直聲。先生卒於仕，理宗賜田以旌其直。衢守遊鈞，嘗築精舍，聘請徑畈講學，是日聽者數千人，則其開講尤大有名，今皆不可考矣。

徐霖有一極具氣節的門人，謝文節公疊山先生枋得。謝枋得（1226–1289），字君直，江西弋陽人，觀書五行俱下，以忠義自任。徐徑畈稱其「如驚鶴摩霄，不可籠縶。」寶祐間舉進士，對策，極攻丞相董槐與宦官董宋臣。元軍入臨安時，疊山變姓名走福建建寧唐石山，轉茶坡，麻衣履鞋器於道，人以為顛病也。元二十三年，集賢殿學士程鉅夫薦宋臣二十二人，疊山居其首，辭不起。翌年，行省丞相奉旨來召，疊山曰：「上有堯舜，下有巢由，枋得姓名不祥，不敢奉詔。」尚書劉夢炎又薦，疊山曰：「吾年六十餘，所欠一死耳。」福建參政魏天佑見朝廷以求賢為急，欲薦疊山以邀功，不從，強之北行。途中，絕食二十日而不死，乃勉強略進菜疏，及至京師，困殆已甚。尋病，遷憫忠寺，見曹娥碑，泣曰：「小女子猶爾，吾豈不汝若哉？」劉夢炎持藥雜米進之，疊山怒斥曰：「吾欲死，汝乃欲活我耶？」終不食而死。

疊山與人書，嘗曰：「人可回天地之心，天地不能奪人之志。大丈夫行事，論是非不論利害，論逆順不論成敗，論萬世不論一生。

志之所在，氣亦隨之。氣之所在，天地鬼神亦隨之。」行文中氣節凜然，大義昭然！真不愧為忠臣烈士 **㊱**。

及元代，北方官學尊程朱，由於南方係故宋之地，朱陸之學並行。象山之學，雖為官府所排斥，然而民間陸學之緒，猶不泯焉。在這段期間，值得一提者乃採調和折衷論的吳澄（草廬，1249-1333）和鄭玉（師山，1298-1358）。吳澄，字幼清，江西撫州崇仁人，〈草廬學案〉謂其「為學者言朱子於道問學之功居多，而陸子以尊德性為主。問學不本於德性，則其蔽必偏於語言訓釋之末，故學必以德性為本，庶幾得之，議者遂以先生為陸氏之學。」 **㊲** 事實上吳澄是擬以陸象山真知實踐的尊德性來補充朱子的讀書講學，使陸學與朱學互補互通，他說：

> 夫朱子之教人也，必先之以讀書講學。陸子之教人也，必使之真知實踐。讀書講學者，固以為真知實踐之地。真知實踐者，亦必自講書講學而入。二師之為教一也。而兩家庸劣之門人，各立標榜，互相詆譽 **㊳**。

對吳澄而言，朱陸教法之不同係因施教對象的材質之異，吳澄自身的總定向則為走向修正之路的朱學。全祖望 (1705-1755) 在〈草廬學案〉的起頭處就說：「草廬出於雙峰（饒魯），固朱學也。其後亦兼主陸學，蓋草廬又師程氏紹開，程氏常築道一書院，思和會兩家。然草廬之著書，則終近乎朱。」 **㊳** 黃百家則評論說：「草廬嘗謂

㊱　謝枋得的生平傳略取材同**㉟**，頁一一六～一一七。

㊲　同**❷**，第二十三，卷九二〈草廬學案〉，頁五～六。

㊳　《吳文正集》，卷二七頁一八下～一九上。

學必以德性為本。故其序陸子靜語錄曰：『道在天地間，今古如一，當反之於身，不待外求也。』先生之教以是，豈不至簡至易而切實哉！不求諸己之身，而求諸人之言。此先生之所大憫也。議者遂以草廬為陸氏之學云。」❹

鄭玉則以朱陸兩人的生命才情與氣質之不同言兩人不同的學風。而以共趨於仁義道德的目的性言二人之同。鄭氏並且直言不諱地指出兩人之缺點，他說：

> 陸子之高明，故好簡易。朱子之質篤實，故好邃密。各因其質之所近，故所入之途不同。及其至也。仁義道德，豈有不同者？同尊周孔，同排佛老。……江東（浙江）之指江西，則曰此怪說之行也。江西之指江東，則曰支離之說也。此豈善學者哉？朱子之說，教人為學之常也。陸子之說，才高獨得之妙也。二家之說，又各不能無弊。陸氏之學，其流弊也，如釋氏之說空說妙，工於鹵莽滅裂，而不能盡夫致知之功。朱子之學，其流弊也，如俗儒之尋行數墨，至於頹惰萎靡，而無以收其力行之效。然豈二先生垂教之罪哉？蓋學者之流弊耳❹。

吳澄與鄭玉雖為朱學後續，卻能以開放的學術胸襟，正視陸學，且有意調和兩家在德性踐履上不同的工夫入路，誠可喜的現象，然而二人對朱陸所持不同立場的太極說及心即理、性即理等哲學核心

---

❸❾　同❸❼，頁五。

❹❶　同❸❼，頁九～一○。

❹❶　《師山集》（四庫全書珍本），卷三，〈送葛子熙序〉，頁一九上～二○下。

問題未作調和之嘗試，失卻真實會通兩家學說的契機，誠令人遺憾
之至。

　　吳澄（草廬）之後，陳苑在江西，趙偕在浙東分別中興陸學，
全祖望說：

　　　徑畈歿而陸學衰。石塘胡氏雖由朱而入陸，未能振也。中興
　　　之者，江西有靜明，浙東有寶峰，述靜明寶峰學案❷。

　　陳苑（立大，1256-1330）江西上饒人。人稱他為靜明先生。
少時得讀象山書，高興地說：「此豈不足以致吾知耶？又豈不足以力
吾行耶？而他求耶。」於是進一步搜求象山及其門人的著作來研讀。
益知益行，與當時崇尚朱學的時風相違背，陳苑則抱持「理則然耳」
的態度。一洗訓詁支離之世習，誓死不悔。從學者，往往幡然有省
而始知象山學。陳苑為人剛方正大，通達人情物理，浮沉里巷之間，
而毅然以昌明古道為己任，存憂天下後世之心，困苦終身。其高弟
有祝蕃、李存、舒衍、吳謙等江東四先生❸。黃宗羲說：「陸氏之
學，流於浙東，而江右反衰矣。至於有元，許衡、趙復以朱氏學倡
於北方。故士人但知有朱氏耳。然實非能知朱氏也。不過以科目為
資，不得不從事焉，則無肯道陸學者，亦復何怪。陳靜明乃能獨得
於殘編斷簡之中。興起斯人，豈非豪傑之士哉！」❹
　　陳苑為象山四傳，趙偕 (1271-?) 為慈湖三傳，象山四傳。趙偕

────────────

❷　同❷，第二十三，卷九三，〈靜明寶峰學案〉。

❸　四人里籍皆屬江西饒州，當時，玉山上饒一帶屬江南東道，故稱江東。陳
　　苑的資料取自《宋元學案》，卷九三〈靜明寶峰學案〉，頁六二。

❹　同❸，頁六二～六三。

字子永，慈溪人。學者稱為寶峰先生。志尚敦實，曾習舉業，評論說：「是富貴之梯，非身心之益也。」遂放棄這條路。等他讀到慈湖的遺著，在默然省思中，開悟萬象森羅，渾為一體。認定這一貫之道後說：「道在是矣。何他求為。」確信三代之治可再現，百家之說可會歸通一，於是隱於大寶山之麓。然感念孔子雖以道設教，卻未曾一日心忘天下，因此，他雖處山林，亦時有憂世之色。及元之亂世，方國珍據浙東，逼先生仕，不起。先生之學以靜虛為宗，然其墮於禪門者，固承慈湖之餘緒，其主旨在教人立身行己，可自為師，遺著有《寶雲堂集》❹。

　　綜觀象山身後，後學對他的承傳遠不及朱熹的後續興盛。檢討其中原因有多端緣故：㈠象山僅活五十三歲，遠比朱子短命；㈡象山無甚麼著作可為其心學之研究基礎，俾使後學聲氣相求；㈢象山「宇宙即吾心，吾心即宇宙」的思想頗近似禪學，再加上陸門弟子的僻行，不足以誘致學者歸往；㈣元仁宗皇慶二年 (1313) 受國子監許衡 (1209–1281) 酷好朱子學的影響下詔以四書五經為國家取士之規定課本，次年復頒示以朱子四書章句集註為欽定之疏釋。皇慶二年，朝廷亦頒令周敦頤、二程兄弟、張載、朱熹及其他宋儒配祀孔廟，然缺象山。程朱之儒門經籍之註釋因被列為科舉取士必用之書，使程朱學地位提升。及明代初期的新儒家，例如：河東師派的曹端（月川，1376–1434）、薛瑄（敬軒，1392–1464）、崇仁學派之吳與弼（康齋，1391–1469）、胡居仁（敬齋，1434–1484）……等皆為程朱學派的後學。

　　在王守仁（陽明，1472–1529）心學崛起前，程朱學派在明代是盛行的，陸學的承傳是細流。程朱學派所以能在明初統領中國思

❹　趙偕的生平傳略，取材於〈靜明寶峰學案〉，同❸，頁六三。

想，據當代學者陳榮捷的研究，其原因為：「由於蒙古王朝覆亡，乃有一種振興民族主義之聲浪與一種中國宗教與哲學之迴向。程朱之新儒學，適足以代表其最上乘。天文學、算學、醫學、工程學以及其他實學，在元代已經發展。在明代則續在成長中。程頤及朱子之唯理哲學，極其投合此種實務氣氛。新朝代在多方面俱須建設，而程朱系統，於此正可大有奉獻，尤其在社會與政府方面。」**❹⑥**

明代學術界，由朱學轉變到心學的路途中，有位往上承接象山，向下開啟陽明的心學家——陳獻章。陳獻章（公甫，1428–1500）廣東新會白沙里人，因稱白沙先生。他讀孟子所謂「天民」者，慨然說：「為人必當如此」。曾受學於吳與弼，半年後而歸，勤讀古今載籍，旁及佛老經典，甚至稗官野史。如是者累年未有所得，於是築「春陽臺」，靜坐達十年 (1455–1465) 以自悟自得的方法，直探心靈實體，終於開悟，白沙曾自述他為學造道的這段心路歷程，他說：

> 僕才不逮，年二十七，始發憤從吳聘君（吳與弼）學。其於古聖賢垂訓之書，蓋無所不講，然未知入處。比歸白沙，杜門不出，專求所以用力之方。既無師友指引，日惟靠書冊尋之，忘寢忘食，如是者累年而卒未得焉。所謂未得，謂吾此心與此理未有湊泊吻合處也。於是舍彼之繁，求吾之約，惟在靜坐。久之，然後見吾此心之體，隱然呈露，常若有無；日用間種種應酬，隨吾所欲，如馬之御銜勒也；體認物理，稽諸聖訓，各有頭緒來歷，如水之有源委也。於是渙然自信曰：「作聖之功，其在茲乎！」**❹⑦**

---

❹⑥ 陳榮捷教授著《朱學論集》，〈早期明代之程朱學派〉。臺灣學生書局，1982 年四月初版，頁三四一。

　　白沙從讀書所求得之知識與自家生命不能相融相契的體驗，悟出學貴自得。「靜坐」是他藉以自悟自得的修養工夫，「靜坐」的目的在「為學須從靜中養出個端倪來，方有商量處。」❹所謂「端倪」指善端，亦即良知良能，從此處建立道德的真我，自尊自信，憑自力踐履去除駁雜支離之病，回歸到自我生命的真主人──心體。對白沙而言，心體的發現，可說就是悟得活活潑潑的天理。此處，他承繼了象山「宇宙便是吾心」、「心即理」的精髓，他說：

　　　終日乾乾，只是收拾此理而已。此理干涉至大，無內外，無
　　　終始，無一處不到，無一息不運，會此則天地我立，萬化我
　　　出，而宇宙在我矣❹。

白沙由心自發性的原動力，當其發用之幾，隨處體認天理。不過象山所講的理，是指仁義禮智的理，有其分辨是非的特性。白沙所講的理「無內外，無終始」指向主客交融的生命意境，超出象山的倫理格局，似乎兼具禪學的意趣。

　　明代的心學透過王守仁（陽明，1472–1529）曲折的發展而達高潮。在哲學史上向有將陸、王並稱為心學派的代表，極易使人誤認為陽明思想乃直接承繼象山而來的後續。事實上，陽明一生大部份的時間係在立定成聖賢之志後，循朱子窮理之教，做實際的格物工夫上遭遇重重的困難，以及出世入世抉擇的關鍵上，深切地自我

---

❹　語見《白沙子全集》，乾隆本（1771年版），卷三，頁二二～二三，〈復趙提學〉。

❹　同❹，頁一二～一三，〈與賀克恭〉。

❹　同❹，卷四，頁一二，〈與林緝熙書〉。

省思，體會到朱學及佛老出世思想在踐履上的困難。

　　陽明三十七歲遭劉瑾陷害，在貶至龍場的人生逆境中，面對死亡的恐懼及牽連受苦之僕人的不安，精思力索，幡然省悟心即理說，突破性地擺脫了朱學的束縛，轉向於尋求與心即理說相應的實踐工夫。三十八歲，亦即第二年受提學副使席書（元山）聘，主貴陽書院，論「知行合一」說。四十三歲調昇南京鴻臚寺卿時，確定「事上磨鍊」的心地工夫，名之為「誠意」以別於朱子的「格物」，至此其工夫論算是成熟。五十歲在江西始揭「致良知」之教，深刻體認天理自在靈明感應的良知中，良知是落實事上磨鍊，存天理去人欲的必然根據。

　　陽明雖在五十歲時撰〈象山文集序〉，且刻印其書，然而他在四十歲左右時，思想漸趨成熟，已確定發展方向後，才感到象山與其同調。由於象山之學久晦，且遭時人誤解為禪，乃決心為他辨誣，作序以表彰其學。他在五十一歲那年在〈答徐成之第二書〉中說：

> 僕嘗以為晦庵之與象山，雖其所為學者若有不同，而要皆不失為聖人之徒。今晦庵之學，天下之人，童而習之，既已入人之深，有不容於論辯者。而獨惟象山之學，則以其嘗與晦庵之有言，而遂藩籬之。使若由賜之殊科焉則可矣，而遂擯放廢斥，若碔砆之與美玉，則豈不過甚矣乎？夫晦庵折衷群儒之說，以發明六經論孟之旨於天下，其嘉惠後學之心，真有不可得而議者。而象山辨義理之分，立大本，求放心，以示後學篤實為己之道，其功亦寧可得而盡誣之❺❿？

──────────
❺❿　《王陽明全書》，〈書錄〉，卷四，〈答徐成之〉第二書。

　　陽明表彰象山，雖不能說他完全未受象山思想的啟發，但是其主要目的在為象山討回學術思想上的公道。他儘管在〈象山先生全集敘〉一文中讚象山「簡易直截，真有以接孟氏之傳。」**⑤**然而他不自以為是接孟子之傳。事實上，陽明是入於朱學，復出於朱學而創作出心學的新路，因此，觀陽明著述甚少徵引象山處。他也毫不避諱的評象山說：「濂溪、明道之後，還是象山。只是粗些。……然他心上用過功夫。與揣摹依倣求之文義自不同。但細看有粗處，用功久當見之。」**⑤**陳榮捷教授評論說：「陽明從未說明象山如何是粗，只曾評象山格物之說為沿襲。學者解釋粗字不一。或以陸子重明道辨志以發明本心，而次中和戒懼等工夫為粗。或以其未有深切之人生經驗為粗。或以其先知後行為粗。均可備一說。竊謂（佐藤）一齋以精對粗是也。陽明謂象山沿襲。尚欠精一。在陽明則良知之致，知行並進。故其學說亦精亦一，其修養方法亦精亦一。陸子尚欠一籌，因粗。」**⑤**儘管陽明對象山有讚有貶，兩人皆主張「心即理」，在心學運動史上前呼後應，象山返觀自省於身而能識心體之深邃宏遠。陽明則曲折細緻地發展成知行合一和致良知教，不但與陸象山的「發明本心」不同，且順著元代及明初朱學者走的朱陸合流之趨向，兼融朱陸。例如：陽明也談朱學的課題，例如四書五經、理氣說、理欲說，且以「致良知」說將朱、陸知行的鴻溝問題得以合一。因此，劉宗周（蕺山，1578–1645）說：「（朱、陸）辯說日煩……於是陽明子起而救之以良知」**⑤**陽明在這種發展方式下，使

<hr>

⑤　《象山先生全集》，上冊，頁一。

⑤　陳榮捷著《王陽明傳習錄詳註集評》，臺灣學生書局1983年十二月初版，頁二九〇。

⑤　同**⑤**，頁二九〇～二九一。

心學益見豐富與精微。

　　清代可說是以尊崇朱熹為主，清、康熙五十一年，將朱熹奉祀在「十哲」之列，意謂著清儒及官方肯定朱子凌越漢、宋諸儒，遙契孔門正學。而陸象山與王陽明則分列孔廟東廡、西廡，名列「先儒」，位次「先賢」之下，遠不及朱子之受尊崇㊺。至於清代的陸王學派之代表人物，則首推李紱 (1675–1750)。他為了傳承陸王心學，編纂了《陸子學譜》及《陽明學錄》。後書於今已不得見。李紱在《陸子學譜》中一開頭就紹述了象山的思想及陸氏的家學。他認為陸氏家學是象山發展自己思想的重要泉源。

　　至於李紱編撰《陸子學譜》的動機，據黃進興教授所撰〈「學案」體裁產生的思想背景──從李紱的「陸子學譜」談起──〉一文，謂李紱基於當時陸王及程朱學者之間的衝突，及程朱學派長久以來所施予陸王學者的壓力，他顯然想藉著《陸子學譜》的編撰來建立陸王一系的傳承，以資與當時程朱顯學相頡頏，黃教授認為李紱在學術層面，「他採取了三種途徑來回應程朱學派的挑戰：其一，從哲學上來為陸王學辯護；其二，以考證方法維護陸王，批評程朱；其三，建立陸王學統以便與程朱學派抗衡。」㊻李紱認為程朱學的長期興盛，係因被列為科舉取士的考試範本，與功名利祿結合，從長遠來看未必有持久的價值。陸王學說因不涉及世俗利益，陸王學

㊴　黃宗羲，《明儒學案》下，臺灣，河洛圖書出版社，1974 年十二月影印初版，第十二，卷六二，頁八五。

㊺　龐鍾璐，《文廟祀典考》，臺北，1977，卷一，頁一九 b～二〇a。

㊻　黃進興，〈學案體裁產生的思想背景──從李紱的「陸子學譜」談起──〉臺北，漢學研究資料及服務中心出刊「漢學研究」，第一期，頁二〇一～二一九。此段見頁二〇五～二〇六。

說的認同者，係就陸王學說的內在價值來欣賞。

因此，李紱的《陸子學譜》，其學術意義側重在反映所屬時代的學術風尚，帶著濃厚的宗派色彩，難免因門戶之見而有失學術評論的客觀性。李紱的密友全祖望（謝山，1705–1755）認為李紱在該書中不精審陸學學者，只慮及人數之多寡，例如書中所列的一些學者像項安世、呂祖儉等不能算為陸門學者或象山弟子。因此，李氏書「譜系紊而宗傳混，適所以為陸學之累。」❺⑦

綜觀陸學的流傳和影響不像朱學般地具連續性。蓋象山不注重著書，無法像朱子般著作等身以傳留後世供人研究，象山立乎其大的心學，其流傳主要依靠為師者藉身教所發出來的道德感召力，實難保證世世代代皆有特立獨行發人省思的「名師」。因此，陸學的傳承顯得較朱學格外困難。為方便計，茲附陸學流傳的簡圖於下。

---

❺⑦ 全祖望《鮚琦亭集》，臺北，1977，外編，卷四四，頁一三二三。

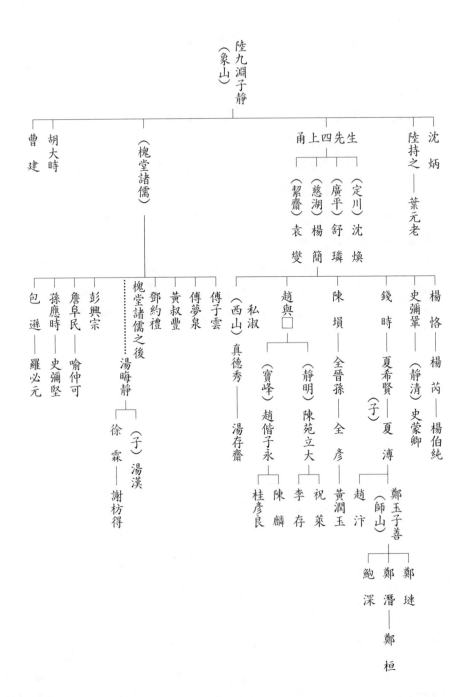

二、陸學對當前的時代意義

自民國八年提倡新文化運動以來，德先生與賽先生，亦即民主與科學，一直成為我們邁向現代化的二個具體目標。民主與科學的本身有著極崇高理念和豐富且久遠的意義，然而民主與科學在對人類現實生活的影響上，也產生了極具負面性的不良後遺症。

從科學而言，科學的研究，轉化成日新月異的科技，問世以來，在與科學化的管理效能與商業利益追求的結合下，造成了人類今天在物質生活上享受著前所未有的豐盛與舒適。然而在迷人的繁華與享受之後也使當代人面對了一些難以克服的困境。蓋自從凱因斯(Keynes)提出以消費促進生產的經濟理論以來，無形中鼓勵了人們追求過當的不必要消費，亦導致以人們消費的量與質來評估整體社會、國家及個人的「進步」及「繁榮」。在刺激市場需求及消費導向的經濟學影響下，不但造成了能源枯竭的憂慮，同時亦在物質的消耗的過程中，製造了大量的廢料與垃圾。這二方面皆造成了原來有機的整體生態因遭破壞而失去平衡以致能源枯竭，環境高度污染及全球氣候形態改變生態失去平衡所導致的結果，不但使當今世界的人類為爭取能源，追求污染責任，而陷入史無前例的種種矛盾、糾紛和對立、衝突之中。同時對人類由歷史傳統所承繼的諸般有關共同生存的文明法則和面臨挑戰。更有甚者，吾人留給無數後世子孫所賴以生存的資源，環境與人際關係也愈形惡化。

在民主政治方面，由於強調個人的存在價值，因此，特別注重個人的權益與自由。另方面，個人生活由於社會組織的分化及消費導向之經濟活動所刺激出來的高漲物慾，人的心靈在一方面缺乏崇

高的人生價值理想之提昇。另方面在現實生活的利益之爭，權力之奪中，使人們意識不到高尚的生命情操和對生命的義務以及與自由相隨的責任感。人生的意義和價值在人陷溺於自身利益之執著下而不自知。因此，人之要求對人權的尊重變質為自利自利的神聖藉口。在自由與民主的堂皇口號下，自我縱容成沒有是非觀念的「野蠻人」。在層層政治組織及種種經濟制度的社會職能分工愈趨細密的發展下，人被制度化，成為群體中的小零件，喪失了個體生命的尊嚴與自主性，人際關係也被分割得愈趨疏離。

此外，由於科技文明之普遍性超越人的個體性和社會、國家的獨特性，在科技文明的交流與擴散中，使人們生活方式與內容有許多的雷同性。再加上大多數傳播媒體，在不斷被政治化與商業化的趨勢下，使人與人之間在意識形態、價值觀，在潛移默化下，不知不覺中產生同化作用。個人主體生命的意義在自我思想的貧血下，幾乎被漂白盡淨，於是，人們在追求感官和情慾生活的需求和滿足下，不再有何崇高的人生價值理想，也不再有何超越的人生目標。人已不再嚴肅地面對自我，省思人存在的深層意義了。在強凌弱、智詐愚、眾暴寡、勇苦怯的世風影響下，不僅破壞了人性的價值，也破壞了維護宇宙整體和諧的秩序。在重重油然而生的危機意識下，我們實在應該面對這一歷史的際遇及未來人類的文化前途，深切反省，重新釐定新方向，使我們的文化與生活調適到人性化的常經大道上來。

在此，筆者願重申象山哲學的精要處，象山窮其一生均處處扣緊每個人所賴以挺立在天地之間的真實存有，亦即規範一切及能生發無限莊嚴意義的人性深層實有。他終於在不斷內省中，證悟跨越時空能與古往今來的一切眾生，共享此無窮無際的同心同理。亦即

為我們揭示出斯人千古不磨滅的本心。因此，以人間真正的學問安頓在人道的象山，以其一己生命的真切反省與趨向，說出「若某則不認一個字，亦須還我堂堂地做個人。」❺❽這般感人心志，昂人精神的話，從而要人返本歸位到人之所以為人的超越特質處，認識做為生命主體的真我，立定永不回頭的志向，努力活出做為人的生命意義與價值。換言之，實現完滿的人格生命是象山敬持一生的終極托付，亦即在有限的生命中活出無限而圓滿的意義，使生命獲得莊嚴感和無限價值感。象山指示這一超拔於諸般世俗價值的最高絕對價值，當由每個人勇敢的面對自我，回到內心上自己用工夫。象山教人在自我反省其心性中自悟出人之所以為人的特質，也即能生發一切人性真價值的原動力——仁。「仁」即心即性即道德的真我。這一超越的本心本理，象山雖透過自己的生命省思卻有得於孟子處，亦有進於孟子者。蓋孟子仁禮義智的四端之說，尚不能充分說明心之完備性，象山則由四端之心，進而指明「心皆具是理」，當每個人返求諸己時自可自覺理之在心，更重要的是，此理與心一樣地係一有血有肉、有情有愛的活生生之存有。心之發用所在，即理之所在，「理」透過心的對外感應，當下呈顯。這對有志於堂堂正正地做個人的一切人而言，皆能同知、同為之德性工夫，是人人可真實成就自我生命終極意義的至簡至易之學。

　　再者，人與人之間在根於天性的心同理同中，得到一普遍性與合理性，在這一意義上，人與人的生命有共同的契合處，有可資相互會通的根源感。這是促成人與人相互溝通、彼此關懷，發展和諧的人性生活之共同的人文脈絡所在。在實踐的歷程上，象山強調人人當由切己的工夫以昭顯心。首要之事在切己觀省以辨志，亦即赤

---

❺❽　《象山全集》，卷三五，包揚顯道錄，頁四四九。

誠地面對潛藏在內心深處的種種行為意念、動機，藉真誠的自我批判，將遮掩在本心上的種種私欲，意見之障敝剝落清除下來，使倚附於世俗的名、位、權、勢……等私念皆攀緣不上。在層層的自疑自克的淨化本心之障蔽活動後，使心靈的理路暢通無阻，再重新立下人生高遠的志節。換言之，心學的實踐工夫是點活本心的自覺自省活動，是「刀鋸鼎鑊底學問」❺❾摧抑，犧牲與扶持保養同時進行，同步完成，象山要人對本心的實存性得親自見得，所謂「直截雕出（人之）心肝」❻⓿，然後才能在其本心上自用功夫。

由象山心學的精義觀省其對現代人的困境是有深遠的啟發意義的，若吾人能像象山般地貞定人生終極價值的追求，則精神價值的取向自然可轉化現代人在情慾生命和物質貪婪的追求，消費導向的經濟活動得以舒緩。若人人能輕物慾而重視德性生命的實踐，心靈有長遠的寄託，生活方式和內容自然會改變，則能源的枯竭，環境的污染，以及由此二問題所引發的人與人的利害摩擦與衝突自可減緩不少。

在政治生活和社會生活上，若人人都能發揮象山本心在主體生命中的靈覺義和主宰義，念茲在茲地在日常修持中，活出本心的道德感來，活出心的自主性思考來，事事求諸合理，事事皆能做合理的價值判斷。如此，每個人的內在心靈當可獲得純淨化和合理化。

使人真正做自己思想的主人，價值的主體，則自我卓然有所立，自然不輕易地隨俗浮沉，以致在傳播文化及科技文化的洪流中迷失了自我生命的尊嚴和意義。在民主政治中亦能本著崇高的價值原則與理性精神超越於小我的是非利害與恩怨，而能以厚實的胸襟，光

---

❺❾　同❺❽，頁四五六。

❻⓿　同❺❽，頁四七一。

明磊落的氣度，一切由大是大非處衡量、判斷，自愛自尊亦自律。
如是，則人本心的活現所散發出來渾厚的道德勇氣、惡惡善善、激
濁揚清，將有貢獻於外在世界的合理化與民主政治的理想之實現了。

主要參考書目

壹　一般參考書目

（一）

詩經　藝文印書館十三經注疏本。

尚書　藝文印書館十三經注疏本。

論語　藝文印書館十三經注疏本。

孟子　藝文印書館十三經注疏本。

禮記　藝文印書館十三經注疏本。

中庸　藝文印書館十三經注疏本。

象山全集　宋、陸九淵撰　臺灣、商務印書館，1979。

朱文公文集　宋、朱熹　商務印書館，四部叢刊本，1980。

朱子語類　宋、黎靖德編　臺北、漢京文化事業公司，1980。

二程全書　宋、程顥、程頤　日本京都，中文出版社，1979。

宋元學案　明、黃宗羲　臺北、河洛圖書出版社，1975，臺景印初版。

明儒學案　明、黃宗羲　河洛圖書出版社，1974，臺景印版。

重編宋元學案　民國、陳叔諒、李心莊重編　正中書局，1954，臺一版。

宋史　臺北、鼎文書局印行，1980。

（二）

宋明清理學體系論史　黃公偉　臺北，幼獅書店，1971。

中國思想史論集　徐復觀　學生書局，1975。

宋學概要　夏君虞　華世出版社，1977。

兩宋思想述評　陳鏡凡　華世出版社，1977。

中國思想史資料導引　馬岡　牧童出版社，1977。

中國政治思想史　蕭公權　華岡出版社，1977。

宋明理學概述　錢穆　學者書局，1977。

中國思想史　錢穆　學生書局，1977。

中國哲學史㈠、㈡　勞思光　三民書局，1981。

中國哲學史，第三卷，上冊　勞思光　香港友聯出版社，1980。

中國近世儒學史　宇野哲人著，馬福辰譯　臺灣、臺北，中國文化大學出版部，1982。

中國哲學辭典大全　韋政通主編　水牛出版社，1983。

中國哲學思想史，宋代篇（上、下冊）　羅光　臺北，學生書局，1984。

㈢

中國哲學原論‧原性篇　唐君毅　香港，新亞研究所，1974。

中國哲學原論‧原道篇　唐君毅　香港，新亞研究所，1974。

象山心學之比較研究　陳德仁　臺灣，臺北，學生書局，1975。

陸象山評傳　譚作人　作者出版　臺灣，嘉義，1976。

從陸象山到劉蕺山　牟宗三　學生書局，1979。

儒家形上學　羅光　臺北、輔仁大學出版社，1980。

生生之德　方東美　黎明文化事業公司，1980。

朱學論集　陳榮捷　學生書局，1982。

朱子哲學思想的發展與完成　劉述先　學生書局，1982。

晦庵易學探微　曾春海　輔仁大學出版社，1983。

陸象山研究　林繼平　臺灣商務印書館，1983。

孔孟荀哲學　蔡仁厚　學生書局，1984。

宋明道學　孫振青　國立編譯館，1986。

程顥‧程頤　李日章　東大圖書公司，1986。

張載　黃秀璣　東大圖書公司，1987。

王陽明　秦家懿　東大圖書公司，1987。

儒家思想的現代意義　蔡仁厚　文津出版社，1987。

㈣

景德傳燈錄　宋、道原大藏五一冊

六祖壇經箋註　唐、釋法海撰文津出版社

大般涅槃經　大正藏

佛教各宗大意　黃懺華撰　文津出版社 1984。

貳　單篇論文

陸九淵的文心說　羅根澤　學原，卷一，期十一。

陸子學禪考（上）（中）（下）　久須本文雄（彬如譯）　新覺生雜誌卷一五，期七一九。

由陸象山之存養論而探索儒家形而上的拯救意識　封尚禮　景風期三十七

陸象山的治學讀書與施教（上）（下）　高廣孚　大陸雜誌卷二一，期四、五。

論朱陸的交誼及其爭辯　楊永英　出版月刊期二十三。

朱陸異同探源　唐君毅　香港，新亞學報卷八，期一。

朱陸辯太極圖說之經過及評議　戴君仁　陳百年先生執教五十週年暨八秩大壽紀念論文集。

鵝湖之會朱陸異同說　黃彰健　中研院史語所集刊期二十二。

試論宋代幾個重要的「理學世家」　張永儁　臺大哲學論評，期六。

比較二程子理學思想之分歧——兼論楊龜山及謝上蔡之思想發展　張永儁　臺大哲學論評，期九。

象山先生年表❶

南宋高宗·紹興九年己未 (1139)　象山出生。

紹興十一年辛酉 (1141)　象山母親孺人饒氏卒，葬鄉之楊美嶺。

紹興十三年癸亥 (1143)　入學讀書，紙隅無捲摺。

紹興十七年丁卯 (1147)　屬文已能自達。

紹興十八年戊辰 (1148)　陸九齡入群庠；九淵往侍學焉，文雅雍容，眾咸驚異。有老儒謂前廊吳茂榮曰：「君有愛女，欲得佳婿，無踰此郎。」因以為姻。

紹興二十一年辛未 (1151)　讀古書，至「宇宙」二字，解者曰：「四方上下曰宇，往古來今曰宙。」忽大省曰：「元來無窮，人與天地萬物，皆在無窮之中者也。」因書曰：「宇宙內事，乃己分內事，己分內事，乃宇宙內事。」遂篤志聖學。

紹興三十二年壬午 (1162)　象山以周禮舉鄉試。十月，丁父憂。

孝宗·乾道元年乙酉 (1165)　象山與伯虞書。

乾道七年辛卯 (1171)　應秋試，以易經再舉於鄉。

乾道八年壬辰 (1172)　成進士，尤袤、呂祖謙為考官。

乾道九年癸巳 (1173)　答陳正己書。

孝宗·淳熙元年甲午 (1174)　調官隆興府靖安縣主簿。五月，訪呂祖謙於衢州。

淳熙二年乙未 (1175)　呂祖謙約陸九齡、九淵及劉清之、朱熹諸人相會於信州之鵝湖寺，十一月、撰敬齋記。

---

❶　本年表主要參考麥仲貴先生著《宋元理學家著述生卒年表》香港，新亞研究所，1968 年初版，頁一八八～二六五。

淳熙三年丙申 (1176)　象山與王伯順書二通。

淳熙四年丁酉 (1177)　正月、象山丁繼母憂；象山事繼母與諸兄，
曲盡孝道，孝宗嘗謂：「陸九淵滿門孝弟者也。」

淳熙六年己亥 (1179)　象山服除，授建寧府崇安縣主簿。

淳熙七年庚子 (1180)　象山與朋友讀書於滋瀾。十一月，為季兄復
齋作行狀。

淳熙八年辛丑 (1181)　史浩薦象山為都堂審察，辭不赴。二月、象
山訪朱熹於南康，登白鹿書院講席，講「君子喻於義，小人喻
於利」一章。

淳熙九年壬寅 (1182)　象山被薦為國子正。項安世來書，向象山言
與傅夢泉交往，警發柔情，自此取師之意始定，八月、象山赴
國學，講春秋六章。

淳熙十年癸卯 (1183)　象山在國學講春秋，諸生孳孳叩問，感發良
多。

淳熙十一年甲辰 (1184)　象山在敕局春祀祚德廟為獻官，又為成都
郭醇作本齋記。三月、象山答朱元晦書。

淳熙十二年乙巳 (1185)　詹子南從象山問學，子南嘗問象山之學有
所受否？象山告以讀孟子而自得於心。

淳熙十三年丙午 (1186)　象山與李成之書、朱子淵書，又和楊萬里
送行詩。作格矯齋記。主管臺州崇道觀。

淳熙十四年丁未 (1187)　象山登貴溪應天山講學，又答江西程帥叔
達惠新刊江西詩派劄子。春、象山如臨川，訪倉使湯思謙。五
月、象山有答馮傳之書。十一月、象山作宜章學記。十二月、
象山與漕使宋若水書，言金谿月椿之重，及臺郡督積欠困民之
弊。

淳熙十五年戊申 (1188) 　象山在山間精舍，易應天山名為象山，諸生結廬而居。與朱熹辨太極之義，作荊國王文公祠堂記。遊儦巖，題新興寺壁。

淳熙十六年己酉 (1189) 　象山應詔知荊門軍，原擬著書，值守荊之命遂不果。十月，遊翠雲寺，題名於壁。

光宗・紹熙元年庚戌 (1190) 　象山與路彥彬書，謂：「竊不自揆，區區之學，自謂孟子之後，至是而始一明也。」，三月、作玉芝歌。五月、撰經德堂記。八月、撰貴溪縣重修學記。

紹熙二年辛亥 (1191) 　象山跋資國寺雄石鎮帖。赴荊門之際，囑其徒傅子雲居山講學。六月、作武陵縣學記、臨川簿廳壁記。九月、與羅點春伯書、薛象先叔似書。十二月、奏請築荊門軍城，從之。

紹熙三年壬子 (1192) 　正月、象山在荊門，會吏民講洪範五皇極一章。答羅田宰吳斗南書、論太玄。卒於荊門，吏民哭奠，充塞衢道。

紹熙四年癸丑 (1193) 　春、陸氏兄弟護父九淵靈柩歸葬，沿途弔哭，致祭者甚眾，三月抵家。九月、葬於延福鄉朱陂下，門人詹阜民、楊簡、袁燮、傅子雲等各為文祭之。其餘奔喪者以千數。

寧宗・慶元二年丙辰 (1196) 　劉啟晦宰貴溪，立象山祠於象山方丈之址，朱熹門人臨江章茂獻為之記。

明世宗嘉靖九年 (1530) 　因陽明門人薛侃之請從祀孔廟。❷

---

❷　《明史》，臺北，中華書局，一九七四年版，卷五〇，頁一三〇〇。

人名索引

名詞索引

老子——年代新考與思想新詮　劉笑敢　著

本書以概念的深層剖析和體系的有機重構為主要方法，力求逼近老子哲學的本來面目，同時探討老子哲學的現代應用或現代意義。老子之道是世界的總根源和總根據，是對貫穿於宇宙、世界、社會、人生的統一性的根本性解釋。而針對《老子》晚於《莊子》的觀點，書中從韻式、合韻、修辭、句式等方面詳細比較，為確定《老子》的年代提出了新的論證。

國家圖書館出版品預行編目資料

陸象山／曾春海著.－－二版一刷.－－臺北市: 東大,
2022
面; 公分.－－（世界哲學家叢書）

ISBN 978-957-19-3337-5 （平裝）
1. (宋)陸九淵 2. 學術思想 3. 哲學

125.6   111016916

世界哲學家叢書

陸象山

作　　　者	曾春海
發 行 人	劉仲傑
出 版 者	東大圖書股份有限公司
地　　　址	臺北市復興北路 386 號 (復北門市)
	臺北市重慶南路一段 61 號 (重南門市)
電　　　話	(02)25006600
網　　　址	三民網路書店 https://www.sanmin.com.tw
出版日期	初版一刷 1988 年 9 月
	二版一刷 2022 年 11 月
書籍編號	E120490
I S B N	978-957-19-3337-5

東大圖書公司